「音楽教室の経営」塾 1

【導入編】
教えるのは誰のために？

大内孝夫

音楽之友社

はじめに

ショパンのエチュード、《革命》（作品10の12）。一所懸命弾こうとするのですが、なかなか思うようにはなりません。そんな時……

「左手の16分音符を32分音符にして2回ずつ叩いてみてください」

「はい。できてきましたね。次は3回ずつ叩いてみましょう」

こんなレッスンを受けてきました。チャレンジしてみると、まるでハノンのようです。

「ホントに練習曲なんだぁ！」

ショパンが本当に練習曲としてこの曲を書いていたことを初めて理解しました。

そしてドビュッシーの《月の光》。Un poco mossoに入って3小節目。

「左手をもっと丸めて。第一関節も第二関節も、伸びきっていますよ」

最初はなかなかうまくいきませんでしたが、先生に教わりながらしばらく遅いテンポで繰り返していると、関節が柔らかくなるのが感じられました。早く弾いてもミスタッチしない！　音も心なしか、クリーンな感じになった気がします。

「音楽教室の先生ってすごい！　まるで魔法使いみたい!!」

こんなことを思っていたら、あっという間にレッスン時間は過ぎ去っていきました。

私は、じつは音楽教室でピアノを習ったことがありません。中学2年生の頃、父が持っていたクラシックレコードを聴いて音楽に目覚め、妹が習っていたピアノに興味を抱くようになったのです。当時小学5年生の妹に半年くらい教わって『バイエル』を終わらせると、あとはハノンと自分が弾きたい曲を練習しました。その後、吹奏楽部や合唱部に所属しながら大学受験の直前まで、ピアノに入れあげました。大学時代以降はピアノをやったりやめたりの繰り返し。武蔵野音楽大学に勤務することが決まった4年ほど前からはしばらく続いていて、今日に至っています。冒頭は、そんな私が最近音楽教室で味わった、初めての感動のシーンです。

「大内さん、今度音楽教室の経営に関する本を書いてみませんか?」——音楽之友社の編集者さんからこんなご提案をいただきました。まさかの提案に、一瞬言葉を失いましたが、編集者さんは「音大卒」同様、「音楽教室」にも外部の目が必要なのではないか、とお考えのようです。

考えてみると銀行員というのは、案外「にわか業界通」になるのが得意な職業です。取引先から信頼を得るため、経営コンサルタント的な役割を担おうと、いろいろな業界を研究しています。もし銀行員時代に戻って音楽教室を担当したら、私はどんなアドバイスを行うのだろう？——編集者さんのご提案で、そんな冒険心が芽生え、書く決意が固まりました。

それからは本書を書くために、さまざまな音楽教室にうかがい、お話を聞いたりレッスンを受けたり。冒頭のようにすばらしい先生が多い一方で、これはどうかな？　という先生にも出会いました。また、教える音楽のレベルは高くても、経済的に成り立つ仕組みがないと教室はうまくいきません。すばらしい音楽の感性も、宝の持ち腐れになってしまいます。

いろいろ調べてわかったことは、みなさん意外に思うかもしれませんが、音楽教室業界がじつは数少ないすごい〝成長産業〟であること。未来を悲観するどころか、他の業界からうらやましく思われるくらい将来性のある業界です。その可能性をどう活かしていくか、みなさんと一緒に考えたいと思います。

この本をヒントに、新たに多くの若い先生方が誕生し、多くの音楽教室が光輝くことを信じ、筆を進めさせていただきます。

「音楽教室の経営」塾①【導入編】　目次

目次

目次

第1章

音楽教室は社会インフラです!

音楽教室に託される夢と希望

将来プロの演奏家になりたい
学校の音楽の先生になりたい
もっと上手に演奏したい
子どもの脳の発達を促したい
大人になっても発表会に出たい
老人会で合奏したい
音楽で少しでも認知症の進行を遅らせたい……

音楽教室に通う生徒や保護者の音楽教室に託す夢や希望はさまざまです。かつては女の子の習い事の代名詞的な時代もありましたが、今では多くの男の子が通い、シニア世代やシルバー世代も通っています。音楽教室最大手のヤマハ音楽教室ではその流れを取り込もうと、「大人の音楽レッスン」に力を注いでいるほか、従来教室の空き時間帯だった平日の昼間を利用して、歌って踊れる「青春ポップス」という新しいコースを、２０１７年６月から国内の２割にあたる８００会場で本格的に立ち上げるとのことです。

まさに老若男女の集う場。それが今日の音楽教室です。

最近、企業社会ではダイバーシティ（多様性）という言葉が盛んに使われるようになりました。この言葉は、性別や年齢、学歴、価値観などの多様性を積極的に受け入れ、幅広く人材を活用しようという考え方ですが、音楽教室はすでにダイバーシティ社会です。将来の日本を担う多くの若者のみならず、シニア世代やシルバー世代まで、男女関係なく受け入れています。

そして音大勤務の私からみると、音楽教室は、さながら音大卒の「武器」の実践道場（以下、芸大や一般大学の音楽専攻も含め「音大」とさせていただきます）。すべての世代に対して円滑なコミュニケーションをとり、正確・丁寧に、できない生徒に対しても辛抱強く教えています。時間管理もしっかり行い、完成度の高い状態で生徒をコンクールや発表会に送り出す姿も印象的です。音大で培った「武器」が研ぎ澄まされているからこそ、このような生徒対応ができ、さまざまな種類の夢や希望を持った生徒を導くことができているのだと思います。

また、この本の執筆にあたって大変多くのアドバイスをいただいた、シリーズ累計１８

0万部を超えるピアノ教本『ピアノランド』(音楽之友社刊)の著者、樹原涼子先生は、「私は不器用で飲み込みの遅い生徒に教えるのが大好き」とか(注1)。私はこの一文に接してとても嬉しくなりました。音大への求人でお世話になる音楽教室の先生は頭がよく、結構早口な印象がありましたので、正直、私のようなどんくさい(?)人間は相手にされないのではないか――そんな不安を抱いていたのですが、じつは多くの音楽教室の先生が、樹原先生同様、私のように出来の悪い生徒に対しても、一所懸命教えてくださっています。

今や、音楽教室は多くの人々にとって必要不可欠なものと言えそうです。その教育を担う音楽教室の先生の役割の大きさたる

や、推して知るべし。その意味で音楽教室は、すべての人の生活に必要な「社会インフラ」とも言える存在ではないでしょうか。

音楽を教える仕事のメリット

生徒のさまざまな夢や希望が詰まった音楽教室。音大生の卒業後の仕事として考えると、多くのメリットがあります。ですから、卒業後すぐではなくても、人生のどこかの時点でぜひチャレンジしてみては？　と思う職業です。私は音楽教室を開くメリットとして次のようなものがあると思っています。

- 初期費用が少ない（楽器1つで始められる）
- 生徒が増えればそれだけ収入が増える
- 定年がない（80代や90代の先生もいる！）
- 結婚、子育て、子離れ、介護、引っ越しなどのライフイベントに合わせて生徒数を調整しながら続けられる

●会社員に比べて時間もフレキシブルに使える
●演奏活動を続けながら生徒を教えられる
●生徒の成長を楽しめる／後進を育てられる
●大学（院）での学びを直接仕事に活かせる

これらは、卒業後も演奏活動を続けたいと考えている人が圧倒的に多い音大生にとって、計り知れない大きなメリットです。しかも、90代で元気に活躍している先生もいらっしゃるのですから、これからの高齢化社会、50歳で始めても40年以上続けられる可能性さえあるのです。おカネだけではない自分の自己実現欲求や社会貢献欲求をも満たしてくれますので、物心両面でやりがいのある職業とも言えそうです。

そんな音楽教室にも時代の影が

さて、音楽教室はこのように社会貢献度が高く、仕事としてのメリットも大きい職業です。私が社会人になった頃はヤマハやカワイなど大手楽器メーカー系の音楽教室が全盛期で、多くの音大卒業生の有力な勤務先となっていました。当時は男性も女性も結婚し、男性が働きに出て収入を得る一方、女性は専業主婦として家事・育児に専念するのが一般的でした。ですから女性は、大学卒業後数年で恋愛かお見合いで結婚し、そのライフサイクルの範囲の中で生徒数を調整しながら勤務することができましたし、音楽教室を退職しても旦那さんの収入があるので生活に困ることはなかったのです。そのため音楽教室の先生は、優雅な〝先生〟業として憧れの職業でした。

しかし、最近私が音楽大学で学生や卒業生の進路指導や相談を受ける中では、しばしば厳しい現実を感じることがあります。これだけ多くのメリットがありながらも、音楽教室の先生から「(自分の教室に)生徒がなかなか集まらない」「音楽教室勤務だけでは食べていけない」などの相談が、じつに数多く寄せられるのです。

このような状況を反映してか、女の子の「将来就きたい職業」ランキング（クラレ調べ）で、音楽教室講師は調査開始年である１９９９年の８位から、２０１７年に15位までランクを落としています。この背景には社会構造の大きな変化がありそうです。また、その中で、音楽教室の先生の高齢化や階層化といった現象も見てとれるようになりました。

これらの動向について、少し詳しく見ていきましょう。

❊社会構造の変化

音楽教室に関係する社会構造の変化として、真っ先に挙げられるのは少子化の問題です。「昔に比べて子どもが少なくなった」というのは、多くの先生から耳にする言葉です。また、女の子の習い事といえばピアノが定番でしたが、今では水泳やダンス、サッカーなどさまざまな習い事に通うようになりました。都市部の住宅もマンションが多くなり、ピアノなどの楽器が置けない、騒音の苦情が気になり思うように練習できない、などの問題が生じています。

女の子の習い事の多様化とも関連しますが、価値観の多様化も大きな変化です。特に女性の社会進出に伴って女性の経済力が

向上したため、生き方も多様化しました。その中で、結婚にこだわらず会社では男性と伍して出世を競う、結婚しても問題があれば躊躇《ちゅうちょ》せず離婚する、そもそも結婚を必要と感じない、という考えを持つ女性が増えた結果、30歳女性の約半数が結婚せず、離婚もよくある話となりました（注2）。一方、男性側も女性の社会進出でポストが減り、収入が減った不安から、結婚では相手にある程度の収入を望むようになっています。そのため、女性にも男性と変わらぬ経済力が必要になり、この変化に対応できる女性と、そうではない女性の間に格差が生じ、「女女格差」なる新語も生まれました。

これに追い打ちをかけているのが景気・経済動向です。景気回復、一億総活躍社会、好調な企業業績、女性活躍推進、就活市場は売り手市場――テレビのニュースや新聞を見ると、これらの華やかな活字が目に飛び込んできます。しかし、本当にそうでしょうか？冷静に数字を見つめると、世の中そんなに楽観視できるものではないようです。特に以下の３つは厳しい時代を象徴しています。

①低下が続く世帯平均年収
②男女、正規・非正規の賃金格差
③止まらぬ社員の非正規化への流れ

まず、１世帯当たりの平均年収が大きく減少しています。２０１４年は５４２万円と、前年の529万円から比べれば13万円増で2・5％の高い伸びとなっています。そのため新聞では「所得が増えた」とはやし立てますが、1994年の664万円と比べれば、大幅な減少で、ここ20年の間に15％以上も減った計算です（注3）。

そして男女、正規・非正規の賃金格差。男女格差は女性の社会進出が進み、是正の方向にありますが、正規・非正規の格差はむしろ拡大傾向です。拙著『目からウロコの就活術』でも触れていますが、生涯年収に換算すると、正規社員と非正規社員の差は、男性で9600万円、女性で7000万円に達します。

その非正規社員の比率が増えていることも問題です。1984年に男性7・7％、女性29・0％だった非正規社員の比率は、2003年に女性が50％を突破、2016年には男性22・1％、女性55・9％と急上昇しています（注4）。

これらの数字を眺めてみると、踊っている活字がむなしく思えるほど疲弊している国民生活の実態が浮き彫りになってきます。

この社会構造の変化に、かつては生徒数や収入を気にする必要がなかった自宅音楽教室の先生や、教室に所属する講師も必然的に巻き込まれ、収入の少なさが問題として浮かび上がりました。また、これまで結婚していて旦那さんの収入で生きてきた人が、急に離婚で自立を迫られる事態も生じています。そのため、経済面で苦労し、音大の就職課に相談に来る事例が多くなっているのです。

このような時代の変化に対応するため、アルバイト感覚で専業主婦が〝片手間業〟でやっていたり、生徒を集めることに関心が向かずに自分のできる範囲で少ない収入に甘んじている先生にも、〝生活できる職業〟への変革が迫られています。

❇音楽教室の先生の高齢化・階層化

また、20年くらい前までは音大卒業生のかなりの割合が音楽教室の講師になっていたようですが、現在ではせいぜい10％～15％に過ぎません。

音大における音楽教室講師への就職人気の低下は、ひと言でいえば、「音大卒業⇓音楽教室講師⇓結婚・出産⇓子育て一段落で自宅音楽教室開業」という、いわば〝音楽教室の先生のゴールデン・パターン〟の道がとても狭くなったことによるものです。もちろん現在もこのパターンで成功する人はいますが、その割合はかつてとは比較にならないほど小さくなりました。

音大に限らず、「家事手伝い」が女性の卒業後の進路として大手を振っていた時代は遠く去り、自立が求められるようになりました。その中で音楽教室勤務の講師の多くは委任契約の個人事業主なので、収入に波があるのはもちろん、健康保険、公的年金、雇用保険

〈ピティナ会員の年齢構成〉

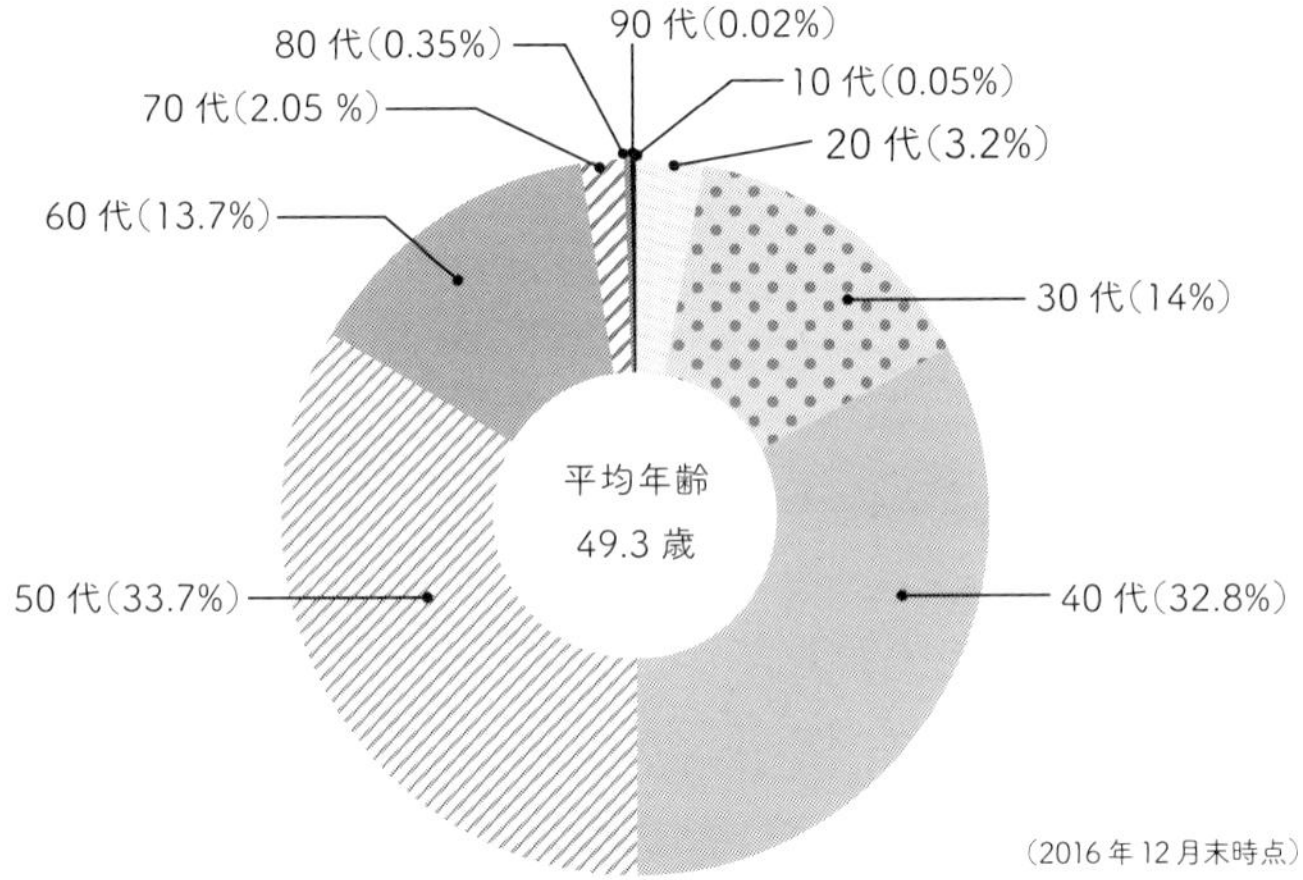

(2016年12月末時点)

〈音楽教室の先生の階層化〉

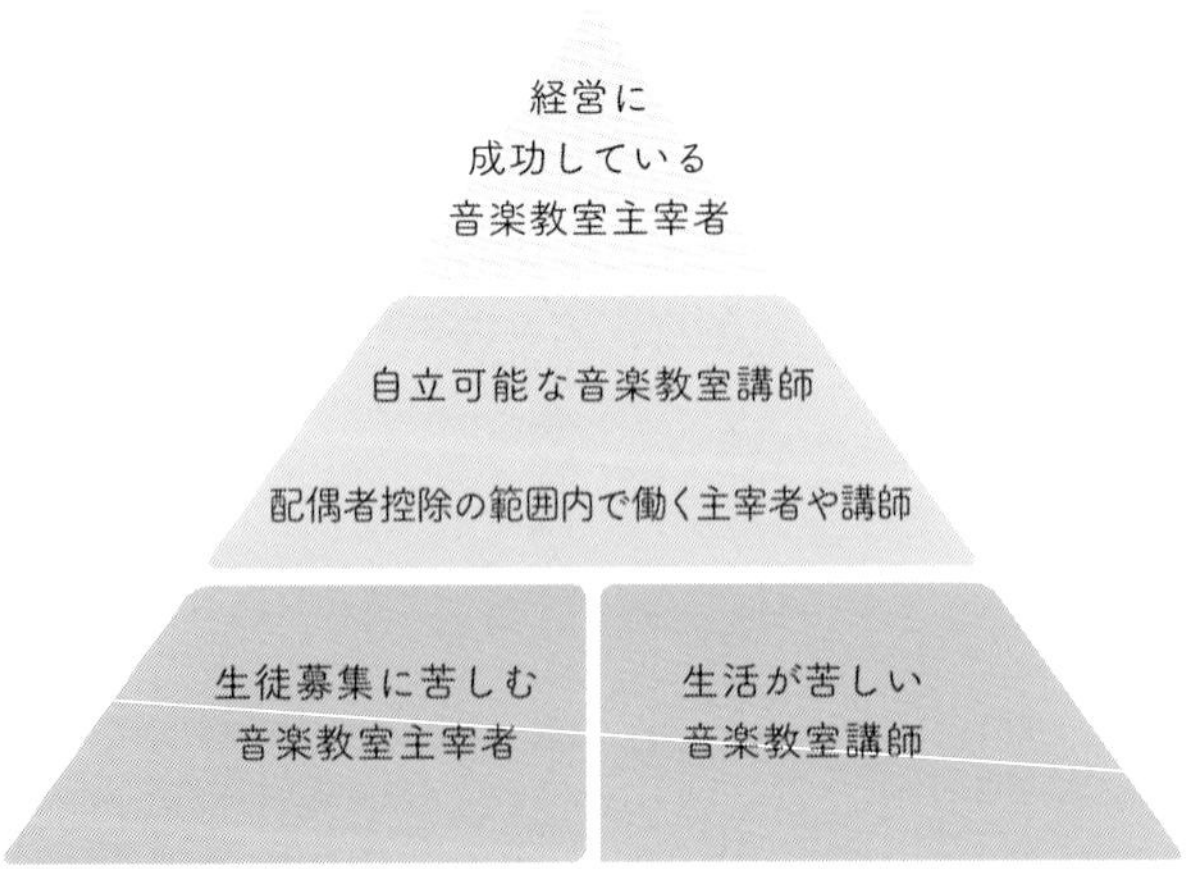

も自分で用意する必要があります。異性との出会いが少ないうえ、かつての「お見合い結婚」がほとんど死語と化し、結婚相手にある程度の収入を望むようになった男性の目も気になるところです。そのため、一般企業の正規社員など経済的に自立できる職を求める傾向が強くなり、音楽教室講師の人気が低下していったと考えられます。音楽教室は、前述のとおり社会になくてはならない大切な存在。それにもかかわらず、業界全体がこのまま前時代的な意識を払拭できずにいると、若い音楽教室の先生がどんどんいなくなってしまいます。

そのような動きはすでに数字に表れているようで、全日本ピアノ指導者協会（福田成康専務理事／以下「ピティナ」）に入会している音楽教室の先生の平均年齢は50歳近くだそうです（前ページ上図）。これでは将来、音楽教室の先生の担い手が不足する心配がありますし、生徒集めに成功している先生とそうでない先生、主宰している先生と講師として所属している先生、といった格差が階層化することも心配です（下図）。また、後進が育たないことによって、多様化する生徒たちのニーズに合わせた教え方のできる先生が減り、生徒たちの音楽教室離れが起きることも懸念されます。

みんなで追い風に乗りましょう！

＊シニアが教室にやってきた

このように、音楽教室にもいくつかの厳しい時代の波が押し寄せているわけですが、じつはこれらを吹き飛ばしてくれる、とても頼もしい追い風が吹いています。そうです。これまで述べてきたように、音楽教室にはさまざまな生徒さんが来るようになりましたね。でも、それ以外にも追い風が吹いていますので、それらを含めここで少し詳しくみていくことにしましょう。

まずシニア世代、シルバー世代が音楽教室にやってくるようになりました（左図）。この流れはまだ始まったばかりです。ヤマハの大人向け音楽教室の生徒は増えたといっても11万人に過ぎません。日本の65歳以上の高齢者人口は約３４６１万人（注5）だそうですから、その1％でも35万人。しかも彼らはご承知のとおり、金銭的にも時間的にも余裕がありますから、生活費に余裕の少ない子育て世代の子どもに比べると、かなり多くの授業料が期待できる生徒さん。この層はまさに掘り起こし甲斐のある宝の山と言えそうです。

また少子高齢化は、孫や身内が少なく、孤独を感じている高齢者の増加という側面もありますから、音楽教室の先生はゆっくり、やさしく丁寧に教えてくれる、不器用で呑み込みの遅い生徒も歓迎してくれる、と思えば、高齢者は大挙して音楽教室に押し寄せてくるのではないでしょうか。ここをどうアピールするかが大きなポイントです。

その昔、高齢者の医療費が無料だった頃、病院が高齢者であふれて問題になったことがありました。今は多くの高齢者がおカネを持っていますから、多少の金銭的な

〈ヤマハ音楽教室の生徒数推移〉

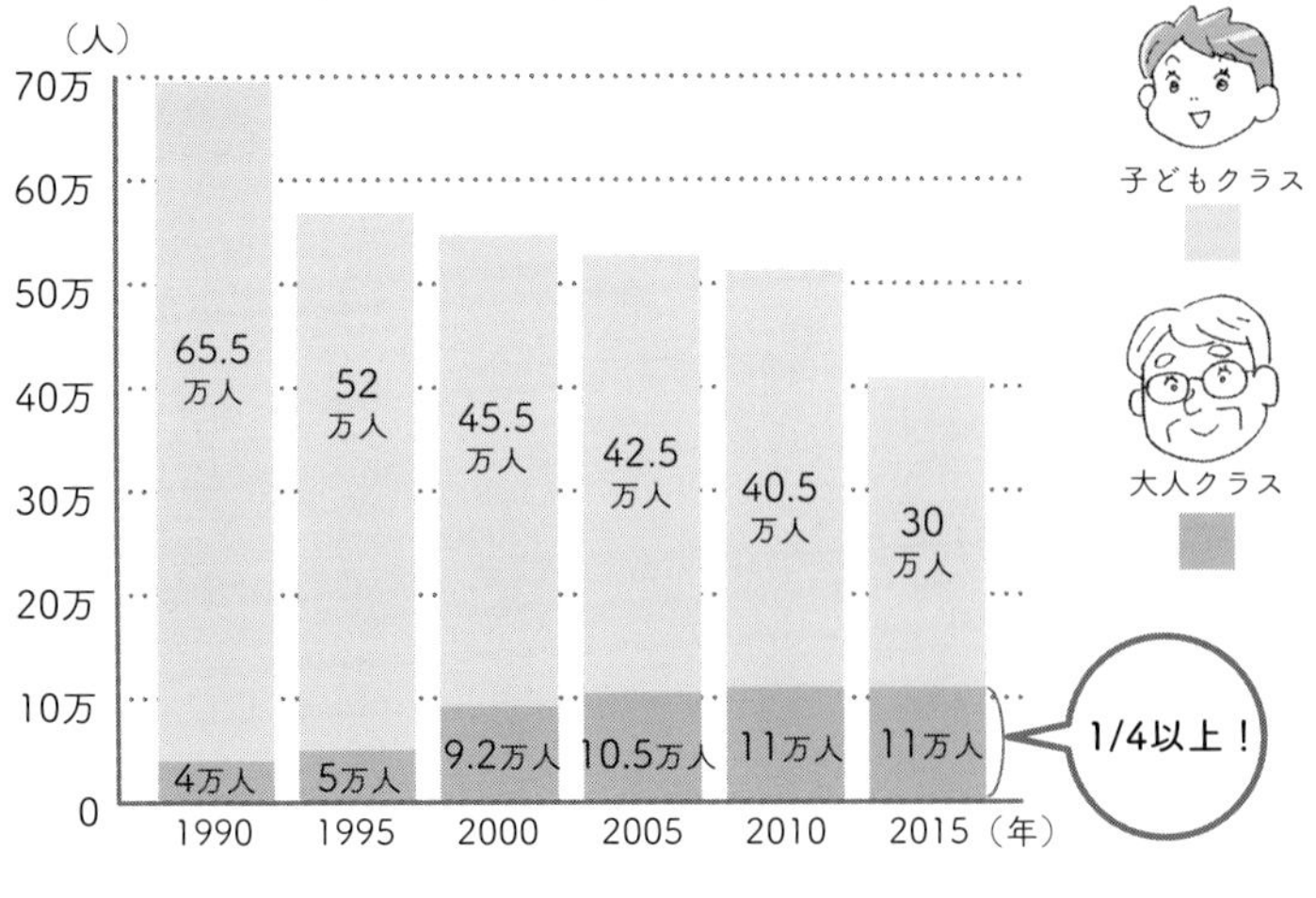

負担はあっても、魅力のある場所には行きたがるはずです。音楽教室はその受け皿となる可能性を大いに秘めていると私は感じています。

❊ピアノ男子も増えてきた

次の追い風は、「ピアノを習うことは、脳の発達にいい」という考え方の広まりです。科学的な証明までは至っていないようですが、少なくともピアノを弾くには次の動きが必要です。

- 両手で別々の動きをする
- 指をすばやく動かす
- 指だけではなく足も同時に動かす

また、他の楽器とはくらべものにならない数の音符の暗譜もしなければなりませ

〈ピティナ・ピアノコンペ参加者　男子比率推移〉

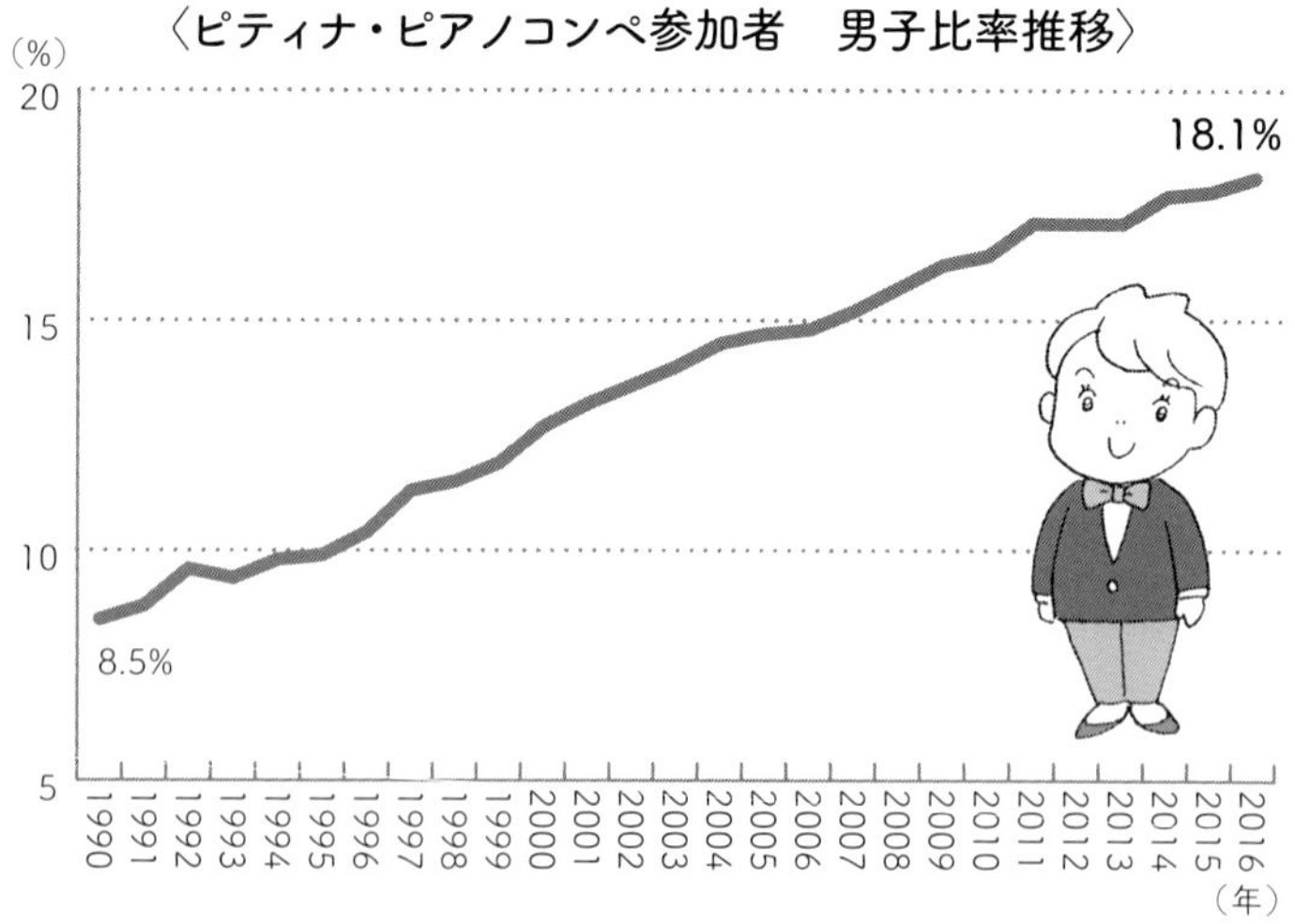

ん。普通に考えても脳への刺激なくこれらのことを行うことは不可能です。

最近は健康をテーマとしたテレビ番組などでピアノ学習と脳の関係が話題になり、また『ピアニストの脳を科学する』（古屋晋一著／春秋社刊）という本が出版されるなど、ピアノ教育が改めて注目を集めています。

ピティナによれば、同協会が主催するピティナ・ピアノコンペティション参加者における男子比率が年々高まっているとのこと（右図）。それでもこれもシニア世代、シルバー世代同様、緒についたばかりです。何せ「男子が増加した」といっても約9％が約18％になっただけ。男子が50％まで伸びた際のピアノ人口たるや相当な数に上るはずです。最近、「今後子どもに習わせたいものランキング」でピアノは常に上位（マイナビウーマン「息子ができたら習わせたい習い事ランキング」4位など）に入っており、少子化や女の子の習い事の多様化といった逆風を打ち消す可能性を秘めています。

❊リベラルアーツとしての学び

第三の追い風は、「リベラルアーツとしての音楽」に目が向けられていることです。最近はどこの大学もグローバル化の進展に伴い、「リベラルアーツ教育」に力を入れる傾向にありますが、音楽は西洋では必須の教養科目とされた自由7科(注6)の1つですし、「世界の共通言語」とも言われています。「大人の習い事」としての楽器演奏ばかりではなく、「教養としての音楽」は音楽教室の今後の発展に新たな可能性を示唆しているのではないかと考えられます。

これは大手総合商社役員や航空会社の採用担当者からうかがった話ですが、彼らがグローバルに活動する中で、外国人と接する際は音楽などの教養が非常に役立つとのこと。今後は、西洋音楽史や西洋文化を深く学ぶ教室なども誕生する可能性があるのではないかと感じています。

❊高齢化社会で再注目される音楽療法

第四の追い風は、「音楽療法」など高齢者向け音楽の可能性の広がりです。

音楽療法とは、専門知識を持った音楽療法士が音楽を用いて介護が必要な高齢者や障がい者にセラピーやリハビリを行い、音楽の力で病状の改善を目指す試みで、快復とまでは至らなくても病状の悪化を防いだり、進行を遅らせるのに一定の効果があるとされています。近代的な音楽療法は、100年ほど前にアメリカで第一次世界大戦の帰還兵のPTSD（心的外傷後ストレス障害）治療に音楽が用いられたのが起源のようですが、高齢化の進展や障がい者の増加に伴い近年特に注目されるようになっています。

音楽療法士に国家資格はなく、音楽療法関連の資格がやや乱立状態にある点は課題と言えますが、認知度は年々高まっており、音楽療法の講義が履修できる大学も増え、多くの学生が学んでいます。

私が在籍している就職課にも介護施設から音楽療法士の求人が数多く来ていますし、今やこれらの施設での音楽行事は不可欠なものになっていることからも、介護現場での音楽のニーズは今後さらに高まると考えられます。

❈障がい者やその保護者の希望の光となる音楽教育

『発達障害でもピアノが弾けますか？』（ヤマハミュージックメディア刊）には、著者の中嶋恵美子先生主宰の〈中嶋ピアノ教室／横浜市〉に通う発達障がいのお子さんたちが音楽を学び、それにご両親が感謝している様子が生き生きと描かれています。今や中嶋先生の教室の生徒さんの半数以上は発達障がいのお子さんだそうです。

このように、発達障がいのお子さんたち向けの教育としての音楽のすばらしさへの認知度が高まっています。発達障がいについては過去から整合性のあるデータが少なく、単純比較はできませんが、さまざまな要因から発達障がいや、そこまでは断定できなくてもコミュニケーションがうまくとれない子どもが増えているようです。

2012年12月に文部科学省より発表された調査結果（注7）によれば、全国の公立小中学校の通常学級に在籍する生徒の6・5％に発達障がいの可能性があるそうで、その支援に音楽の役割が期待されています。中嶋先生の教室のように多くの教室が発達障がい児などの受け入れができるようになれば、音楽教室はこのような子どもたちに手を差し延べる〝居場所〟を提供できるのではないでしょうか。発達障がい児とその親御さんたちに夢と希望を与える大いなる可能性を音楽教室は秘めています。

その他にも、最近ひとつのブームとも言えるくらいに音楽関係の小説や映画、マンガ、ドラマなどが話題となったり、アマオケ、アマオペラ、合唱団が増えたりしているそうです。そういえば、武蔵野音楽大学のキャンパスや音楽ホールがドラマやテレビ番組の舞台として最近特に頻繁に映し出されるようになりました。

このように音楽教室はさまざまな生徒から求められる場となり、強い追い風が吹いています。私は約30年間銀行員をやってきましたが、これだけの追い風が吹いている業界を知りません。ぜひこの追い風に乗って、すばらしい音楽教室が増えていくことを願っています。

（注1）『ピアノを教えるってこと、習うってこと』（樹原涼子著／音楽之友社刊）より。
（注2）厚生労働省の「人口動態統計」によれば、１９８０年の平均初婚年齢約25歳に対し、２０１５年は約29・４歳。東京都や神奈川県では30歳を超えています。
（注3）２０１５年「人口動態統計」では、婚姻件数約64万件に対し、離婚件数は約23万件。単純計算では約３組に１組が離婚している計算になります。ただ、結婚したカップルの離婚を追跡した調査ではなく、あくまで１年間の結婚と離婚の件数比較ですから、昔に比べ婚姻件数自体が大きく減少していることを考慮に入れれば、約５組に１組前後ではないでしょうか。その正確なデータはないようです。
（注4）２０１６年「国民生活基礎調査の概況」（厚生労働省）より。
（注5）「労働力調査」（総務省統計局）より。
（注6）「人口推計」（２０１６年９月18日発表／総務省）より。
（注7）中世の西欧において必須の教養科目とされた７学科。音楽の他、文法、修辞学、弁証論（論理学）、算術、天文学、幾何学。
（注8）「通常の学級に在籍する発達障害の可能性のある特別な教育的支援を必要とする児童生徒に関する調査結果について」（２０１２年12月５日／文部科学省）より。

第2章

「顧客の創造」できていますか?

このように音楽教室には今、厳しい現状を抱えながらも追い風が吹いているわけですが、この大きなチャンスが見過ごされている感じがします。

ピティナ会員の先生の平均生徒数は約24人（中央値は20人）で、会員の約8割が生徒数30人以下だそうです（下図）。ピティナ会員は、音楽教室の先生の中でも意識の高い先生が多く、教室の規模も100人以上の音楽教室が多数ありますから、日本の音楽教室全体では1教室あたりの生徒数はもっと少ないと思われます。

もちろん、少ない生徒さんをきちんと教えている専門家らしい先生は多くいますが、それで生活していけるかという

〈ピティナ会員の生徒数分布〉

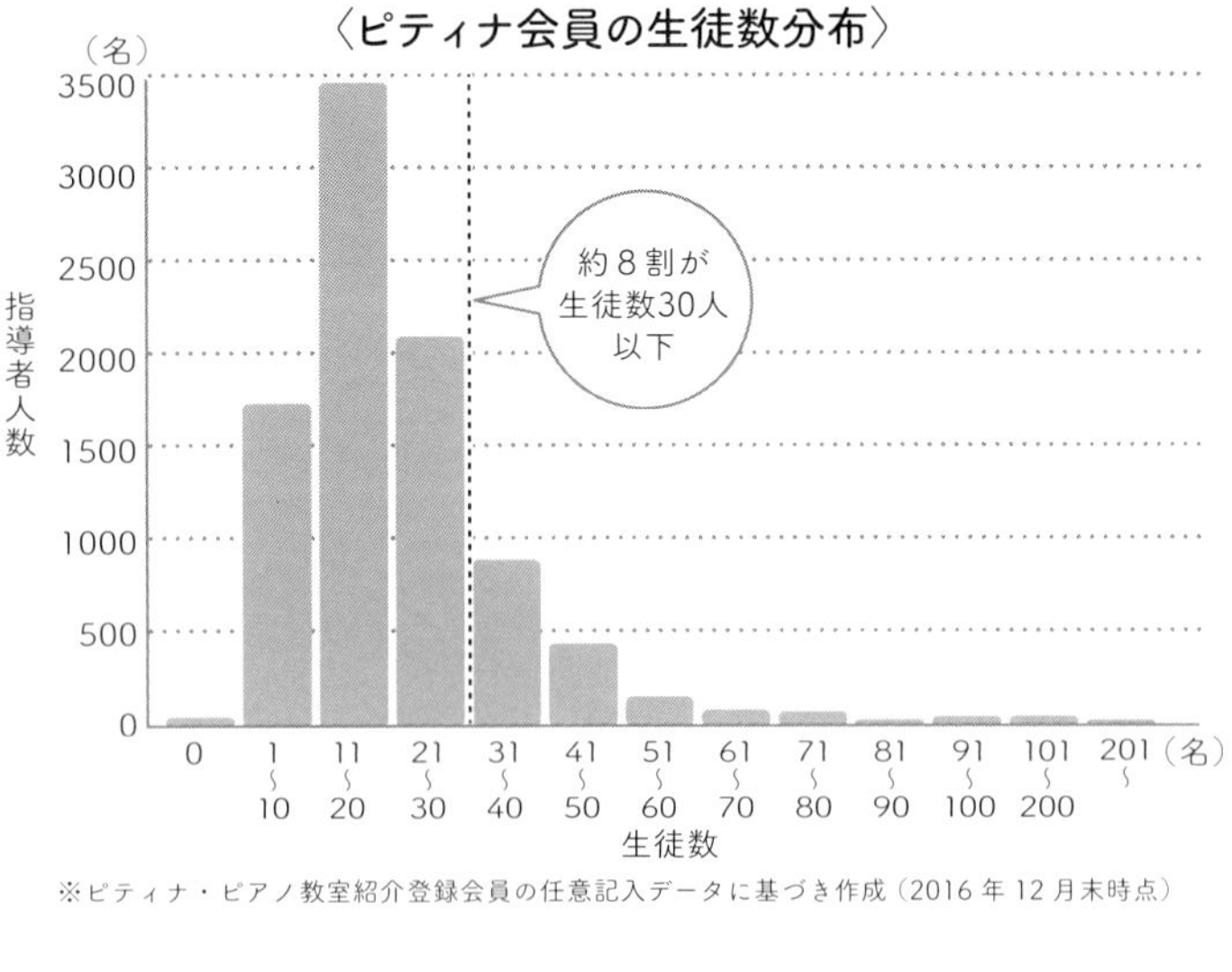

※ピティナ・ピアノ教室紹介登録会員の任意記入データに基づき作成（2016年12月末時点）

と、世の中そう生やさしいものではありません。音楽教室の先生を〝職業〟とするためには、ある程度の生徒数が必要です。また仮に、経済的に恵まれていて生活に支障がない先生であっても、生徒の成長を見守ることはおカネに代えがたい価値ではないでしょうか。ぜひ音楽教室の先生方には、できるだけ多くの生徒を育てていただきたいと願っています。

しかし、残念なことに、今回取材した街の小さな音楽教室の中には、これでは生徒は集まらないよなぁ、と思ってしまう教室も数多くありました。自分の専門分野しか教えられない、「大人可」と広告を出していながら大人の生徒を断る、障がい者のお子さんは対応不可、といった具合です。これではせっかくのチャンスも取り逃がしてしまいます。

なぜこのようなことが起こるのでしょうか？

音楽を教える仕事はビジネスです

それは、大変厳しい言い方かもしれませんが、一部の先生方が音楽教室の先生を専業主婦の〝片手間業〟と捉え、「教育サービス業」としてやっている自覚がないからではないか、と私は考えています。そのため、前述のように、音楽教室を取り巻く環境が大きく変化しているにもかかわらず、これまで習ってきた旧来の指導法や興味のある分野だけで勝負する、「顧客」の見えていない自分本位の教室になっているのです。その結果、生徒は自分が教えやすい生徒に限り、生徒集めは知人からの紹介をただ待つだけの他力本願、指導力強化のための勉強も不十分で、その自信のなさから月謝も安易に値下げする――この〝プロ意識〟の低さが、業界全体に悪い影響を与えているのではないでしょうか。

おカネの世界でも「悪貨は良貨を駆逐する（追い出す）」（「グレシャムの法則」と呼ばれています）という言葉があります。金《きん》などの含有量が少ない質の悪いおカネ（悪貨）が出回ると、これまでの質の良いおカネ（良貨）はしまい込まれ、悪貨が世にはびこる、という意味ですが、音楽教室の世界でも同じことが起きているのです。

また、大人の音楽教室も、「大人」とひと括りにするには無理があるほど音楽のレベルはもちろん、好みのジャンル、世代間の隔たり、習う楽器の種類などさまざまで、そのニーズも多様化しています。そのため、ひと言で「大人を教える」といっても、かなり高度な対応力が求められます。

逆に言えば、これらの顧客ニーズに真正面から向き合い、対応できれば、自らの力で多くの生徒を呼び込める「顧客の創造」ができるはずです。教室を運営する中ではさまざまなことが発生しリスクもありますが、発生したことに責任を持って対応し、顧客である生徒のために真剣に向き合うことで、顧客が創造されます。そうすれば、専業主婦の〝片手間業〟としての音楽教室は駆逐され、〝高度な教育機関〟としての音楽教室の認知度が高まるのではないでしょうか。

子どもだけではなく、大人も、お年寄りも、障がい者も、楽しみ、学べる音楽教室――それぞれの音楽教室の規模はたとえ小さくても、〝プロ化〟することで、そんな教室の実現は可能です。そして、多くの教室がそのような教室になることで、業界全体が活性化し、音楽を学ぶ意欲が高まる好循環が期待できると考えています。

現在、日本の習い事市場の規模は約2兆円、そのうち音楽教室は約5％に相当する1000億円くらいだそうです(注1)。さまざまなリサーチ結果をみても、親が子に習わせたい習い事でピアノは上位5位以内にありますが、全体の市

場規模でみると何とも寂しい気がします。音楽を教えることをビジネスと捉え、積極的に生徒や保護者のニーズに応え、大人などの新たなマーケットを開拓して音楽教室市場を活性化させれば、この市場規模は飛躍的に拡大するはずです。教室の生徒が増え、音楽教室が増え、音楽を志す人が増える、という好循環をぜひ巻き起こしたいと考えています。

誤解があるといけませんのでお伝えしますが、私は扶養手当の範囲内で働くなど、それぞれのご事情で小規模の音楽教室を営むことを問題にしているのでは決してありません。プロ意識が低く、主婦業などの〝片手間〟でしかやっていない教室があり、それが音楽教室市場全体に悪影響をもたらしていることを問題視しているのです。そして、ただ単に、やり方がわからず結果的に片手間になってしまっている先生もいることと思います。ですから、真剣に取り組みながらも生徒が集まらず苦労されている先生方や、これから音楽教室の先生としてはばたきたいと考えている音大生のみなさんに、音楽教室の経営刷新のための策を授けたいのです。その第一歩が、「学生のアルバイト感覚や主婦の〝片手間業〟から〝プロ意識〟を持った教育サービス業への脱却」という提案です。

ドラッカーの教えって役に立ちます

さて、ではどうすれば個々の音楽教室の経営が刷新され、顧客が創造されるようになるのでしょうか？　業界全体の活性化もそれぞれの音楽教室が活性化しなければ望むべくもないことです。

私は案外、ドラッカーの教えが役に立つのではないかと考えています。ドラッカーとは、「現代経営学の父」といわれるオーストリアの経営学者、ピーター・ドラッカー（1909〜2005年）のこと。20世紀半ば以降、社会における経営者やプロフェッショナルのあり方を原理から説き、世界中の経営者から今なお崇敬を集めている学者です。ユニクロを運営するファーストリテイリングの柳井正社長はドラッカーの熱心な信奉者として知られ、『柳井正　わがドラッカー流経営論』（日本放送

出版協会刊）という本まで発行されています。私は音楽教室活性化のヒントが、このドラッカーの主著『マネジメント』の以下の言葉にある気がしています。

企業の目的は、顧客の創造である。したがって、企業は二つの、そして二つだけの基本的な機能を持つ。それがマーケティングとイノベーションである。マーケティングとイノベーションだけが成果をもたらす（注2）

音楽教室は個人事業として展開する場合もあれば、株式会社などの法人組織として展開する場合もあると思いますが、いずれの場合も1つの組織であることに変わりはありません。ここで言う「企業」に該当します。ですから、この言葉を「音楽教室」にあてはめると次のように置き換えることができます。

音楽教室の目的は、顧客の創造である。したがって、**音楽教室**は二つの、そして二つだけの基本的な機能を持つ。それがマーケティングとイノベーションである。マーケティングとイノベーションだけが成果をもたらす

この章で、「『顧客の創造』できていますか？」とうかがっているのは、これがまさにみなさんの「音楽教室の目的」だからです。また、「イノベーション」と「マーケティング」というあまり馴染みのない言葉が出てきますが、これらについては第2巻で詳しく解説する予定ですので、今は「イノベーション＝何か目新しいこと」、「マーケティング＝音楽教室全体を1つの市場（マーケット）と考えて調査・分析すること」、くらいに軽くお考えいただければと思います。それでも「経営学」「ドラッカー」は、「西洋音楽史」「ベートーヴェン」と違って馴染みづらいかもしれませんね。

「もしドラ」でたとえてみると……

そこで、そのエッセンスを理解していただくために、1冊の本を教材にしたいと思います。「もしドラ」なら何となく聞いたことはありませんか？　そう、２００９年に発行され、アニメ化や映画化され、２８０万部を超えたベストセラー『もし高校野球の女子マネージャーがドラッカーの「マネジメント」を読んだら』（岩崎夏海著／ダイヤモンド社刊。文庫版は新潮社刊）です。「もしドラ」の「ドラ」がドラッカーのことで、彼の代表作が先ほどの『マネジメント』です。

この本は、普通の都立高校野球部の女子マネージャーが、ドラッカーの『マネジメント』を読んで野球部のマネジメントを行い、甲子園出場を果たす物語です。

この物語はたまたま野球部ですが、これが音楽教室であったり、一般の企業であったりしても十分通用する普遍性の高い物語です。というのも野球部にとって顧客とは誰か、組織（先生1人の音楽教室も先生と生徒の複数で成り立っていますから立派な組織です）の目的は何か、を深く考えさせる内容になっているからです。「甲子園出場」を「音楽教室の繁栄」に置き換えれば、私たちが目指すプロセスそのものと言えます。

それでは、「もしドラ」で普通の都立高校野球部が、甲子園出場するまでの流れを簡単に振り返ってみましょう。

【「もしドラ」の流れ】

才能ではない。真摯《しんし》さこそ大切

⇐

野球部にとって、「顧客とは誰か？」
⬇観客、保護者、先生、学校、野球ファン…⬇高校野球に携わるすべての人
⇐
野球部の定義付け。「野球部とは何か？」
⬇顧客に感動を与えるための組織
⇐
野球部の目的は顧客の創造
⬇自分の欲求（甲子園に連れていく）を封印し、顧客の現実、欲求、価値からスタート
⇐
マーケティング（部員面談）の実施
●部員たちが練習をサボるのは面白くないからだと気付く
⬇サボる人が少ない試合にあって練習にないものは？⬇競争、結果、責任
●他の部活、地域への貢献
⇐
近くの私立大学、家庭科部などとの協力（イノベーション）
ノーバント、ノーボール作戦（イノベーション）
⇐
決勝戦優勝、甲子園進出決定！

これを音楽教室に置き換えると、次のようになります。

【音楽教室成功への道】

才能ではない。真摯さこそ大切

⇩

音楽教室にとって、「顧客とは誰か？」

⬇生徒、保護者……**他に顧客は誰か？**

⇩

音楽教室の定義付け。**「私の音楽教室とは何か？」**

⬇**どう定義付けするか？**

⇩

音楽教室の目的は顧客の創造

⬇自分の欲求（自分流で音楽を教えたい）を封印し、**顧客の現実、欲求、価値**からスタート

⇩

マーケティング（生徒、保護者、講師など面談）の実施

●生徒たちが練習をサボるのは面白くないから？

⬇発表会にあって練習にないものは?⬇楽しさ、感動、華やかさ

●地域、近隣の他の音楽教室への貢献

⇐

教室改革策(イノベーション) ※第2巻で詳説

⇐

生徒があふれる音楽教室に!

この中で、音楽教室成功のためには、**太字**部分を深く考えることが必要だということにすぐお気付きいただけるのではないでしょうか。そして、教室にイノベーションを起こすためには「楽しさ、感動、華やかさ」をどこに導入していくかがポイントになると思われます。

特に重要なのは、**「私の音楽教室とは何か?」**です。この音楽教室の定義付けが多分一番難しく、その定義付けによってさまざまな音楽教室が考えられるのだと思います。この答えは簡単に一般論化して言えるものではなく、個々の教室それぞれが違うはずです。

「顧客」は何を欲しているのか？

ここでは、この**「私の音楽教室とは何か？」**という問いに関するドラッカーの『マネジメント』内での発言（太字は筆者）と、答えを導くヒントとなる事例をご紹介します。

- あらゆる組織において、共通のものの見方、理解、方向づけ、努力を実現するには、「われわれの事業は何か。何であるべきか」を定義することが不可欠である
- 自らの事業は何かを知ることほど、簡単でわかりきったことはないと思われるかもしれない。鉄鋼会社は鉄を作り、鉄道会社は貨物と乗客を運び、保険会社は火災の危険を引き受け、銀行は金を貸す。しかし実際には、「われわれの事業は何か」との問いは、ほとんどの場合、答えることが難しい問題である。**わかりきった答えが正しいことはほとんどない。**（注2／太字は筆者。以下同じ）

そして、この事業の定義付けを行うためには「顧客は誰か」を問うことが不可欠なのです。

・「顧客とは誰か」との問いこそ、個々の企業の使命を定義するうえで、最も重要な問いである。やさしい問いではない。まして答えのわかりきった問いではない。しかるに、この問いに対する答えによって、企業が自らをどう定義するかがほぼ決まってくる。

これらの言葉の中に出てくる「あらゆる組織」や「企業」には当然「音楽教室」も含まれます。音楽教室を成功させるために、私たちは、このドラッカーの言葉と真摯に向き合う必要があるのです。そして、その原点は、顧客。顧客からスタートせよ、とドラッカーは説きます。

その際、顧客には地域の人々は入るのか、近隣の音楽教室は入るのか、そういったポイントも重要です。特に近隣の音楽教室は敵（ライバル）なのか、それとも顧客なのか、その定義付けによって音楽教室のあり方は大きく変わってくる気がします。

・真のマーケティングは顧客からスタートする。すなわち、現実、欲求、価値からスタートする。「われわれは何を売りたいか」ではなく、「顧客は何を買いたいか」を問う。「われわれの製品やサービスにできることはこれである」ではなく、「顧客が価値ありとし、必要とし、求めている満足がこれである」と言う。

音楽教室に置き換えれば、「私は何を教えたいか」は後ろに追いやりなさい、ということです。自分の音楽教室はこうありたい、と思えば思うほど成功はおぼつかないことになりますが、ここで罠《わな》にはまってしまっている例が非常に多いように感じます。

要約すると、基本的な流れは以下のようになります。

顧客は誰か？
⇓その顧客は何を欲しているか？
⇓顧客が価値を見出し、必要と感じているものを提供する一方、多くの先生方が陥っているのは、以下の思考パターンではないでしょうか。

私が教えられるのは何か？
⇓私が教わってきたことや好きな音楽を教えたい
⇓それを学びたい生徒を探そう

特に音楽大学では師事した先生から受ける影響はものすごく大きく、自分に影響を与えてくれた先生に自分を重ね合わせてみる傾向が強いようです。

これはピティナの福田専務理事からうかがった話ですが、留学経験のある指導者のなかには、自分の顧客は作曲家だと考える方が案外多くおられるとか。例えば日本で、雅楽が国（宮内庁）の庇護《ひご》のもと奏者が代々伝統を継承するのと同じように、ヨーロッパでも大作曲家の系譜を継ぐ伝承者として自分を考える演奏家がいるそうです。つまり、この演奏家にとっての顧客は、ショパンやリスト。それで食べていければいいですが、一般的な生徒から受け入れてもらうのは難しいのではないでしょうか。

さて、少し話がそれてしまいましたので、元に戻しましょう。ドラッカーは、「顧客とは誰か？」の具体的事例として１９３０年代の世界恐慌の中で、キャデラックを成長事業に変身させた事例を紹介しています。キャデラックはもちろんゼネラルモーターズの自動車ですが、それを単なる「輸送手段」としてではなく、「ステータス」と捉えました。つまり、「顧客は誰か？」との問いの答えを、「自動車がほしい人」ではなく、「ステータスを求めダイヤモンドやミンクのコートを買うような人」と考え、彼らをターゲットに販売することで世界恐慌という苦境を切り抜けたのです。

　このように顧客起源の考え方を推し進めていくと、あることに気付くはずです。

●従来自分が考えていたのとは別な顧

客がいるのではないか？

●顧客のニーズを原点に考えるなら、ライバルは音楽教室とは限らないのではないか？

まさにこれが重要なことですし、見落とされがちな観点なのです。それは大企業でも起こりがちなこと。例えば、パソコン事業から撤退したＩＢＭの失敗は、同業の富士通ばかりに気を取られ、当時はまだ無名に近くガレージでソフトウェアを開発していたマイクロソフトの創業者、ビル・ゲイツに注意を払わなかったからだと言われています(注3)。

音楽教室の競合相手は、同じ音楽教室ではなく、水泳教室や英会話教室であったり、おもちゃ屋やレストラン、旅行業者であったりするわけです。音楽教室に通わせるには親の懐具合がものをいう以上、月謝を最優先で払いたくするにはどうすべきか、そこが考えどころと言えそうです。

(注1)　２０１６年7月6日　矢野経済研究所資料より。
(注2)『マネジメント［エッセンシャル版］』（Ｐ・ドラッカー著、上田惇生編訳／ダイヤモンド社刊）より。
(注3)『コトラーのマーケティング・コンセプト』（Ｆ・コトラー著／東洋経済新報社刊）より。

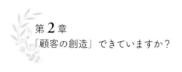

第3章

つい陥りがちな罠に気をつけて

前章で「顧客の創造」の意味はご理解いただけたのではないでしょうか。どうすれば顧客の創造ができるのかは第2巻で「イノベーション」と「マーケティング」をヒントに詳しくご説明していきますので、今の段階で深く考える必要はありませんが、「顧客は誰か？　その顧客は何を欲しているか？」を問うことの重要性は、ぜひここでご理解いただきたいと思います。

さて、少し足元を固める意味で、ここからは音大卒業後まもない先生や、ベテランの音楽教室の先生が陥りやすい罠について、それぞれお話ししたいと思います。

音大卒が陥りやすい3つの罠

❊【音大卒が陥りやすい罠①】邪魔をする自己犠牲精神（利益追求への負い目）

音大生は教員を目指す学生が多いせいでしょうか、あるいはボランティアで演奏する機会が多いせいでしょうか。自己を犠牲にしてでも相手を思いやるタイプの人が多くいます。心根の優しさやボランティア精神は大切なものですが、それも行き過ぎると音楽教室の経営や講師の生活ではマイナス面が大きくなります。

中学や高校の社会科の授業で習ったアダム・スミスという経済学者の「神の見えざる手」という言葉に聞き覚えはありますか？　政府が計画を立ててその実現を図るより、売り手や買い手が自分の思うように利益を追求した方が、社会全体にとって好ましい状況がもたらされる現象を示す言葉です。よく、フランス語の「レッセ・フェール（なすに任せよ）」という言葉に象徴され、その考えは「自由放任主義」と呼ばれています。実際にこれに近い考え方のアメリカや日本など多くの国が、自由に売り買いすることで経済成長を成し遂げていま す。

この「神の見えざる手」の考えでは、儲けようと思うことに負い目を感じたり、月謝をいただくことを申し訳ないと思って遠慮したりすることは、日本の経済全体にとっては、かえってマイナスになることを示しています(注1)。それよりは創意工夫によって、音楽教室の付加価値を高め、生徒にもっとおカネを払ってでもレッスンを受けたいと思ってもらえる教室になることが、自分のためのみならず業界のため、ひいては社会のためでもあるのです。ですから、レッスン料はなるべく安く、などと思わずに、自分の顧客（生徒）にとっての価値を高め、それに見合って金額を上げていくことはとても大事なことです。

❊【音大卒が陥りやすい罠②】自己（自分の音楽）中心思考／音楽の学びの狭さ

私が言うのは失礼な話かもしれませんが、音大生は意外と音楽全体を知らないのではないでしょうか。交響曲に詳しいピアノ専攻の学生、ピアノ曲に詳しい管楽器専攻の学生は少なく、さらに自分の学んだクラシックなどの専門分野に特化したがる傾向があります。もちろん、遠方からでも生徒が通いたがる〝実力教室〟であれば問題ありませんが、そうでなければこれで音楽教室を開いても生徒は集まりません。

問題は「自分ができるものは何か、どう教えたいか」ではなく、「お客さまが何を、どう学びたいか」です。生徒は、音大を目指すような大のクラシック好きばかりではありません。より多くの生徒を集めるには、最低限、ピアノであればジャズやポピュラー、ロックなどに関するある程度の知識は必要ですし、コードを見ながら伴奏付けくらいはできたほうがいいでしょう。

自分が音大で習っていない音楽分野を避けていませんか？　またそれらをマスターする努力を怠っていませんか？　ぜひチェックしてみていただきたいと思います。少なくても単に自分が使ってきた教本だからという理由で、同じものを生徒に押し付けるのはやめましょう。ご参考に、他のチェック項目も挙げておきます。

〈主なチェック項目〉

✔クラシック以外の流行っている曲などの即興演奏はできるか？
✔リトミック（または幼児教育）はできるか？
✔取得可能な資格（ヤマハやカワイのグレードなど）を取る意欲、熱意はあるか？
✔専攻以外の楽器や曲について詳しいか？
✔自分の先生から受けた指導以外のことができているか？
✔曲の構成や成り立ち、時代背景など楽譜に書かれていること以外も教えられるか？

❊【音大卒が陥りやすい罠③】間の悪さ、弱い交渉能力、具体性のなさ

若い頃は、最初から仕事の依頼がどんどん来るということはほとんど期待できません。こちらから仕事を求めてお願いに上がることが多いはずですし、金額を交渉しないといけない場面もあると思います。

その際、おカネのことを切り出すタイミングが悪かったり、言葉の語尾があいまいで何を言いたいのかわからなかったり、長々とうんざりするような説明をしたり、というケースが多いようです。

また、残念なことに「おカネがほしい」と顔に書いてある場合もある、という話を中学や高校で吹奏楽部を指導する顧問の先生や講師を募集する音楽教室の先生から聞くことがあります。

これでは来る仕事も来なくなります。また、自分の方が若い場合が多いでしょうから言葉は丁寧である必要はありますが、相手に媚《こ》びへつらう必要はありません。相手の希望に対して自分ができることは何か、を具体的に伝え、金額もはっきり言いましょう。

ただ、これは結構難しいですよね。正直私も苦手で、必ずしも音大生ばかりが苦手なことではないと思います。私も若い頃、言いにくいことが言い出せずに後でトラブルになっ

たり、なかなか結論が言えずに「で、何が言いたいの？」といぶかしそうな顔をされたりした経験は一度や二度ではありません。おそらく、自分に自信がないことが態度として現れた結果なのだと思います。早く実力をつけて、自分は顧客に価値を与えられる、という自信を持つことがこの罠から抜け出す近道かもしれません。

音楽教室の先生が陥りやすい3つの罠

【音楽教室の先生が陥りやすい罠①】現場レベルと経営レベルの混同

生徒が生き生きと通う音楽教室であるためには、規模は小さくても音楽教室の主宰者は「自分は経営者である」との自覚をもつことが欠かせないのですが、「自分1人でやっているのだから経営とは関係ない」と考えている方が多いようです。また、ピアノ講師などで音楽教室に所属している方は、「私は雇われの身で、経営は主宰者がやること」と思うかもしれません。

しかし、みなさんは国から見れば立派な個人事業主です。たとえ自宅や生徒のお宅でピアノを教えたり、委任契約で音楽教室の講師を請け負ったりしていても、年収が20万円を超えていれば、自分で確定申告を行う義務を負っています。これはまさに、一定の収入を得ようとする人に経営者としての自覚を促す制度であると考えられます。

ところが、実際にはそのような考えで日々音楽教室の経営や講師業に携わっている方は少ないようです。自分1人の教室や、せいぜい数人の講師が所属するだけなので、どうしても「〝経営〟なんて大げさな」という気になってしまうのかもしれませんね。でも、それは大きな間違いです。

そもそも〝経営〟とはどういうことでしょうか？

それは、「経済的に成り立つ仕組み」（ビジネス・モデルといいます）を作り、それを維持・発展させることです。携わっている人が1人であろうが、10万人であろうが関係ありません。およそ資本主義社会において音楽教室を含め、事業というものは「経済的に成り立つ仕組み」なしには成り立たないのです。

一般的な企業の場合、次ページの上図のように〝経営〟レベルと〝現場〟レベルの役割分担が明確になっています。そのため、経営者は現場レベルの仕事は現場の長に任せ、足りないところを補うだけで済みますから、比較的、経営（「経済的に成り立つ仕組み」の維持・発展）に専念することができます。

一方、音楽教室の場合、委任契約により音楽教室で働くか、1人で音楽教室を開くケースがほとんどで、自分で事業を起こしている＝〝起業〟している、という自覚が芽生えにくいようです。そのため〝現場〟レベルの出来事に、〝経営〟レベルで必要な思考が押しやられているように思われます。音楽教室の先生は、主宰者でもレッスンを持っていることが多いので、顧客である生徒への対応など〝現場〟レベルの仕事を優先しがちです。その結果、いつまでも〝経営〟に手が付かず、成り行き任せの状態が長く続く場合が多いようです（次ページの下図）。

そして、自分の教室の強みや課題、世の中の流行や経済情勢の変化といったさまざまな

〈一般の企業・組織の組織体制〉

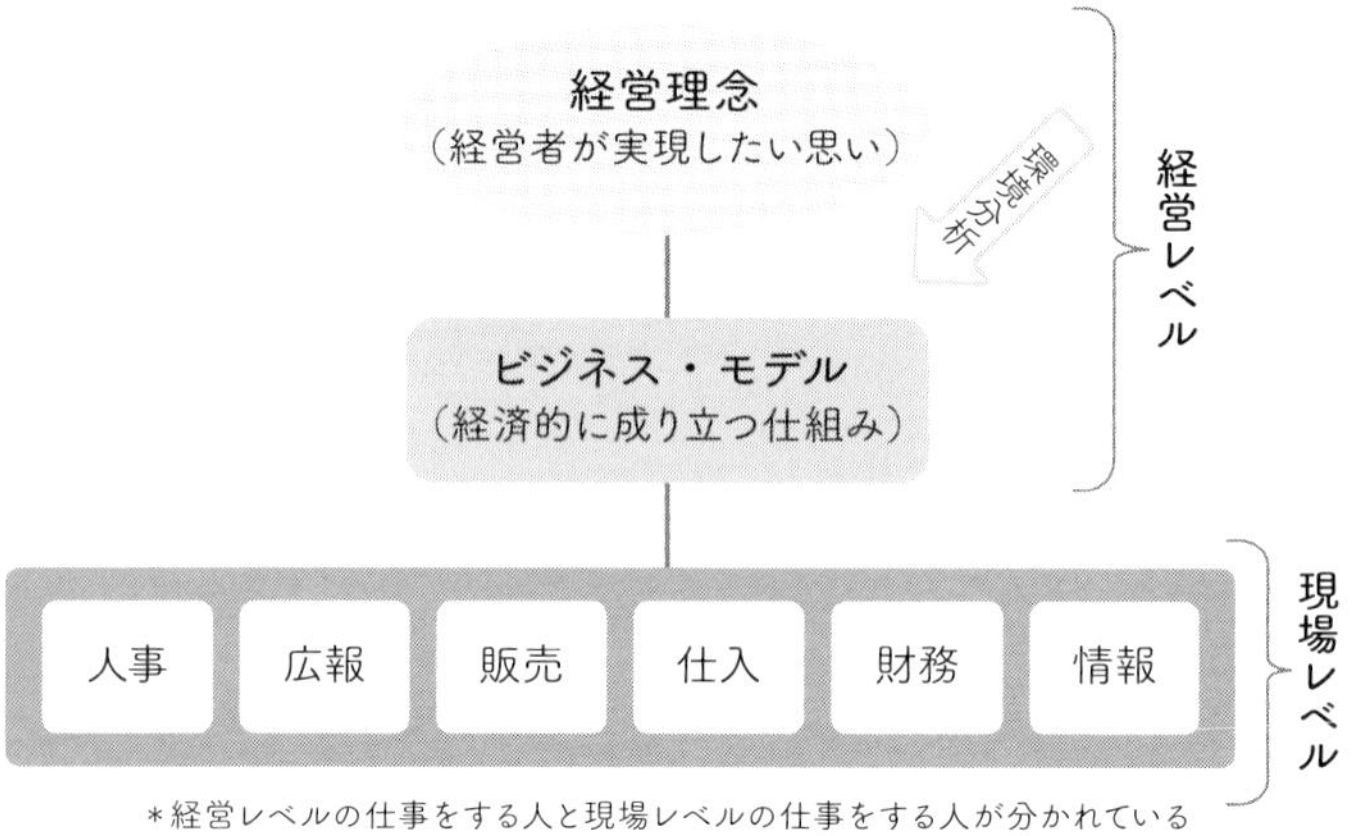

＊経営レベルの仕事をする人と現場レベルの仕事をする人が分かれている

〈多くの音楽教室の組織体制〉

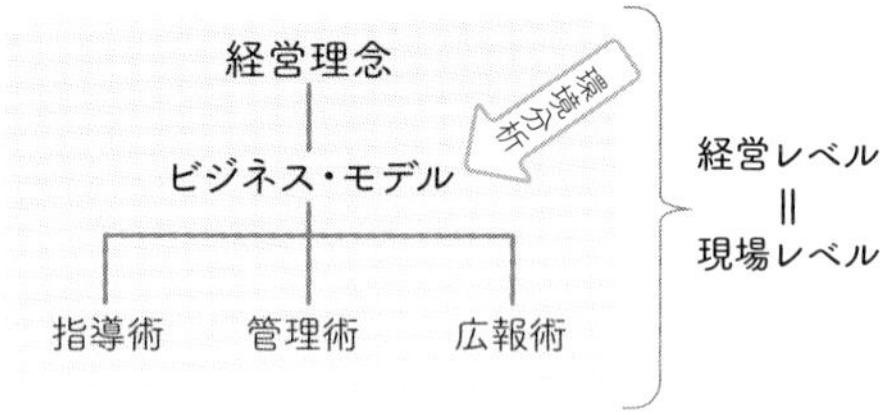

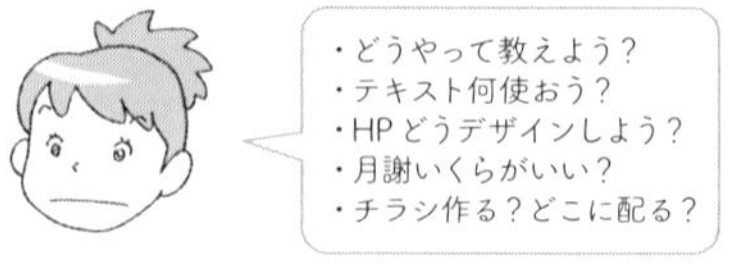

＊目先で発生する現場レベル（指導術、管理術、広報術など）の出来事で手一杯になり、環境分析と　その結果を踏まえたビジネス・モデル構築ができていない

要因を考慮に入れて生徒集めのための作戦を練る、という教室経営にあたって最も重要な部分がおざなりになっていたり、いわゆる「音楽教室本」ではそこの解説が少ないために、作戦の立て方を間違ってしまうケースが多いのではないかと思われます。

本書は、音楽教室経営にあたり最も大事なこの「作戦の立て方」を指南するための本とも言えます。そして、この作戦を立てる際に最も重要になるのが、音楽教室の目的＝「経営理念」を考えることなのです（第4章でご説明します）。

❊【音楽教室の先生が陥りやすい罠②】数字や法律は苦手（音楽以外は逃げの姿勢）

数字に弱いのは仕方ない、と思っていませんか？　よく「音楽は世界の共通語だ」と言いますが、数字だって世界の共通語です。

1990年代後半に倒産寸前だった日産自動車の経営を見事に立て直したカルロス・ゴーン会長は、「数字は多様な文化を持つ組織でみんなが共有できる優れたコミュニケーション手段」(注2)だと言っています。

そう、経営は数字なのです。音楽教室を経営しようと思うならば、数字に強くなろうと思う必要があります。微分・積分など小難しい数学は必要ありませんが、四則演算と簿記・会計の基礎知識はしっかり身に付けておきたいところです。

そして私が、音楽教室で講師を務める卒業生から受ける相談で多いのが、「委任契約」を巡るトラブルです。楽器メーカーや楽器店、個人の音楽教室の講師は、多くの場合、音楽教室と「委任契約」を結びます。委任というのは簡単に言えば、「頼まれた仕事を頼まれたように行う」ことです。つまり「この教材を使ってこのように教えてください」と言われたことをそのまま行う、ということを意味します。この契約で重要な点は、社員ではないので、依頼主である音楽教室の主宰者は契約で定めた業務以外の指示は行えないということと、例えば「生徒をコンクールで入賞させる」といった「結果を出す」ことは求められていないということです。

教室によっては業務内容に電話番や教室の事務仕事を入れ、その業務に関する支払い条件などを細かく定めている教室もありますが、契約になくても電話番や教室の事務仕事は講師が当然行うものと思っていたり、はたまた教室に来る際、「ついでに○○買って来て」と頼んだりする先生もいるようです。また、講師にも結果を出す努力は必要ですが、そこに目標を課したり、楽器を売らせたりするのは明らかな違法行為です(注3)。

相談に来る卒業生をみていると、その点のご理解が不十分な講師が多い気がします。一方、音楽教室を主宰する先生にも講師には委任したこと以外は指示しない、委任した業務に専念できる環境を整備する、ということをぜひ心掛けていただきたいと思います。

また、音楽教室は音を出すので周囲とのトラブルも発生しやすく、防音装置を付ける場合が多いと思いますが、その際には建築基準法を遵守《じゅんしゅ》しなければなりませんし、生徒とのレッスンだって契約が必要です。

法律なんて面倒くさい、と思っていると多くのトラブルが発生します。講師の側も契約書はコピーを取り、自分の業務範囲をきちんと理解しておく必要がありますし、主宰する先生にはぜひ、しっかりした法律知識や遵法意識を持っていただきたいところです。

あと、常識的な金銭感覚。これが意外と抜けている方が多いようです。「音楽さえ

できればそれでいい」的な感覚では音楽教室経営は決してうまくいきません。

しかし、音楽教室の先生の中には、音楽以外のことに注意を払いたがらず、「おカネを払ってコンサルタントや税理士に任せればいいじゃないか」と思う方もいるようですが、これも誤りです。彼らは報酬をもらって仕事を引き受けるわけですが、彼らにベストなパフォーマンスで仕事をしてもらえる保証はどこにもありません。少なくとも契約したコンサルタントに、このクライアント（依頼者）は経営をよく知っているから本気で向き合わないとクビになる、という緊張感を持たれるくらいの経営感覚を身に付けたり、顧問税理士と税務について議論できるくらいの会計知識があった方が自分の教室の金銭面から見た姿がよくわかり、経営に幅が広がると思います。

経営資源、いわゆるヒト、モノ、カネ、情報に関する情報収集についても同様です。例えば自宅を音楽教室に改装する場合、日本政策金融公庫から新規事業資金として借り入れできないか、などといった視点で考えられているでしょうか？　国は新規事業を積極的に支援しようとしています。新たに音楽教室を開くのであれば、立派な新規事業です。自ら政府や関係機関の支援策を調べるという態度が必要です。

また、同じ地域の他教室の運営情報の収集など、ひと手間かけた情報収集も重要です。

音楽教室を経営する以上、「音楽さえ知っていれば」「教え方さえうまければ」何とかなるとは決して思わないでください。また「生徒さえ集まれば」という考えでは生徒は集まりません。生徒を「集める」にはどうすべきか、と常に能動的に考える必要があるのです。何度も繰り返しますが、音楽教室もほかの事業と同じ〝経営〟として捉えなければ成功はおぼつきません。

❊【音楽教室の先生が陥りやすい罠③】際立つ唯我独尊性（まじめなら偉いんだぞ的思考）

私はこのタイプを著書の中で「音楽求道者系卒業生」と呼んでいますが、自分が考える「いい教育」を追い求め、まるで修行僧のようにストイックなタイプの先生がいます。

そのなかには「優秀な生徒を育てること」だけが「いい教育」だと誤解し、音楽の楽しさをしっかり伝えられない先生もいるようです。もちろん、優秀な生徒を育てることはとても大切ですし、有名なコンクールで入賞すれば、その教室は注目を浴びるかもしれません。でも、他の先生へのライバル心から生徒に無理をさせていないか、自分を追い込んで勝手に疲弊していないか、時に振り返ってみる必要があります。「優秀な生徒を育てる」は目的ではなく、あくまで結果。そして、次のコラムでの樹原涼子先生のお話とも関連しますが、音楽を教える動機は「音楽の美しさを知ってもらいたい」とか「音楽の楽しさを伝えたい」などでないと、多くの人に理解される日は、いつまでたってもやってきません。

また、ある方から「仕事としてやる以上、例えばピアニストであれば、どんなにすばらしいピアノが弾けても、聴きたいと思ってくれる人がいなければ、仕事として成り立たない」という話を聞いたこともあります。

音楽教室の仕事も同じ。教える人と教わる人がいるからこそ、音楽教室。教わる生徒、その保護者が何に価値を感じるか――この洞察なしに、音楽教室は成立しないのです。

（注1）「貯蓄は美徳」と、全員が音楽教室にも行かず、外出もせず、食事も質素に家でのみ食べておカネを使わなければお店は潰れ、大変な不況になり、みんなが生活難に陥るはずです。これを「貯蓄のパラドックス」といいます。

（注2）２０１７年1月23日付日本経済新聞　日産自動車社長（現会長）カルロス・ゴーン氏「私の履歴書」より。

（注3）島村楽器のインストラクターのように、「レッスン以外の時間は接客・販売等の店内業務を行う」契約内容で、それに見合う報酬が支払われる場合は楽器販売も行う必要があります。一方、ヤマハ音楽振興会では、「創設者である川上源一の考えを受け継ぎ、講師には教える業務に専念していただく制度となっています。楽器店などの特約店においても講師に楽器を売る圧力をかけることがないよう指導しています」とのことでした。

Column

樹原涼子先生に学ぶ――プロとは？

音楽大学で音大生のキャリア指導を行っていると、違和感を覚えることがあります。『卒業後はプロとして演奏でやっていく』――進路面談でこのように話す学生がいるのですが、実情を聞くと、演奏は月に1、2回、ワンステージ1万円前後の演奏がある程度で、アルバイト収入がメインの生活です。それでも「プロ」と平気で言います。このような音大生には、『演奏＝プロ』という意識が強いようですが、これはプロではありません。プロとは言うまでもなく、「professional」のことで、〝顧客にとって価値あるものを提供し、その仕事で生計を立てている人〟のことです。

本書は現在収入が少なくて悩まれている音楽教室の先生や、教室に所属する講師の方々に、プロとして生計を立てられる経営ができるようになっていただきたいと思って書いています。そこで、そのプロの音楽教室の先生方の多くを指導されている、文字どおり「プロ中のプロ」と言える武蔵野音楽大学ご卒業の樹原涼子先生と対談させていただきました。

累計 180 万部超の人気ピアノ教本『ピアノランド』

「私は、プロとして恥ずかしくないことをする、っていうことがすごく大事だと思っています。例えば月謝の設定もそうですが、自分の提供するものとギャランティ（見返り）の関係はシビアにしています。『ちょっとまけてください』みたいな話には『何かそれは違うんじゃない？』と思ってしまう。『それなら他へ頼めば？』とも。やはり自分が提供できる価値を、しっかり把握しておくということが大切ですよね。だからその価値を認めて払ってくれる人たちと仕事をしていけば必ずうまくいく。音楽教室を経営していく中では、自分の考えがしっかりしていると、生徒もこちらも、お互いに選ぶことができるんです。

　月謝や出演料などの基本的な料金設定は、遠慮していたら自分が結局それでは食べていけず、仕事として、職業として成立しない。仕事は、〝どうすれば職業として成立させられるか〟を深く考える必要がある。そこが大事ですよね」

樹原涼子先生

　顧客に価値を提供するために必死になって努力し、自らの頭で考え続けられるかどうかで、提供できる価値の高さは大きく変わります。樹原先生は学生時代から生徒にピアノを教える中で、『バイエル』で次々挫折する生徒を救いたいと教材研究を始め、それが180万部を超えるヒットシリーズ『ピアノランド』として実を結びました。

そこで、樹原先生の若い頃と最近指導する若い方の違いについてもうかがってみました。

「私は音大入学当時、自分が〝何者になるか〟ということがものすごく重要なテーマで、それゆえに焦燥感もあって1年の夏に1か月間、ピアノを弾かず自分に問い続けたことがあります。でも、若い人に限らず、何になりたい、どういう生活がしたい、何をして生きていきたいのか、と自分への問いが足りない人も多いかもしれません。ピアノや作曲を専攻する人は孤独な時間に耐えられる人が多いと思いますが、ひとりの時間の使い方はとても大切。本を読む、考える、音楽を聴く、分析をする、さまざまなジャンルのアートに触れる、研究対象を探す、自分から動く、飛び込んでいく。孤独な作業でのクオリティが高ければ、人と関わり、新しい仕事を生み出すところまで広がっていく可能性が高くなります。

昔からそうかもしれませんが、レッスン慣れした人は、与えられたことをやるのはうまく、〝習い上手〟だけども、自分から仕掛けていくというタイプの人は少ないような気がします。だから人と同じようにしようとする。以前、『30分レッスンでいくらもらえばいいですか？』と聞かれたことがあり、驚きました。教える人によって30分の内容と価値は天と地ほどに違います。

著者

何分いくら、ではなく、〝あなたの技量に応じたあなたの30分はいくらなのか？〟という話でなければなりませんよね。だから個人で音楽教室を経営していくには、より自分の価値を高めていくという考え方をする必要があります」

これらのお言葉からは、「顧客である生徒や保護者に高い価値を提供できる人」――それが樹原先生のプロの定義であり、「プロの価値は顧客に提供できる価値の高さに比例する」とのお考えであることがわかるのではないでしょうか。そして、プロは顧客である生徒がピアノを習う意味についても深く考えています。

「音楽を楽しむことが大切。その子が音楽を介在して誰かと関わって、人生を切り拓いてくことが先生としても楽しみになっていくものです。演奏の才能はともかく、〝楽しめる才能〟は絶対誰にでもあるわけで、楽しみ続ける一生の土台を作るのが幼少期のレッスン。それなのに、『なんでこれがわからないの』と言ってしまう先生がいる。そんなことを言われたら『あなたに習っているからよ。お金払っているのは私よ、わかるように上手に教えてちょうだい。他の言い方はないの？』と言いたくなりますね（笑）。『わからない人がいるからこそ、あなたが教える意味があるのよ』と。また、生徒は苦しまないとうまくならない、と思っている先生も多いのですが、より苦しみを少なくして、効率よく楽しみを得

ることも大事。そういう工夫をすべきです。なにより、生徒に音楽の美しさ、楽しさを知ってほしい！　と思うことが『教えたい』という行為の発端であってほしいです」

また、生徒は〝先生〟というだけでは尊敬してくれません。

「怖そう、偉そう、そういう先生の教室には、待っていても生徒は来ません。そして生徒が来るときは、それなりの準備をすべき。レッスンの内容の準備は当然として、メイクやファッションも憧れてもらえるような先生でいたいものです」

そう、『演奏＝プロ』でも『教育者＝プロ』でもなく、生徒が習いたいと感じる価値を提供できる先生こそ、プロなのです。

【価値の共有】

このようなプロ意識を持ったうえで、小さい子を教える際に重要となるのが親御さんとの良好なコミュニケーションの築き方です。

「音楽の専門家は私たちで、子育ての専門家は親御さん。子どものことでわからないことはもちろん親御さんに聞くし、音楽ではこちらから提案する。その子を上手にしてあげたい、という共通認識があれば、親御さんとのコミュニケーションはうまくいきます。上達に必要な要素の何ができていて何が足りないのかをきちんと理解してもらうことや、挨拶やステージマナー、目上の人との話し方を教えることも、生徒自身が自分のプロデュース能力を持てるようにすることも仕事のひとつです。海外に移住する子には、日本人作曲家のプログラムを考えさせ、英語で解説できるようにして送り出すと、現地でのパーティーで楽しいスタートができます。音楽をやったことが人生で役に立つように、という考えをご両親と共有できるといいですね。

ただし、音楽では妥協せず、例えば発表会の曲選びは現実離れした親の希望に左右されず、きちんと親御さんを説得することも大切です」

とのアドバイスをいただきました。

【外側から考えすぎない】

さらにお話しいただく中で、樹原先生の「外側から考えすぎない」という言葉も印象的でした。何でも体裁（外側）を整えてから始めるのではなく、できることからどんどん進めていく、という意味です。

「例えば自宅で音楽教室が開けなくても、出かけて行けば教えられる。自治体などに『年配の方の教室をしませんか？』と提案して、その講師をすることもできます。個人の生徒を探す場合も、まずは身近な人――親戚、調律師さん、自分の行きつけの美容師さんなど――に頼んで誰かを紹介してもらい、少しずつ口コミで評判を広げ、徐々に収入を増やしていく。教室としての体裁はその中で整えていけ

ばいいのではないでしょうか」

発表会についても同じです。

「もし生徒の数が少なければ、はじめは他の先生との共同開催も可能ですし、楽器店でコーディネートしてくれる発表会もあります。やはり子どもに人前で弾く喜びを与えるというのは絶対必要なので、もし発表会をやらなくてもクリスマス会とか、何か折々にグループ・レッスンのような人前で弾く機会を作るといいと思います。『いつか発表会を開催する夢を持って、生徒それぞれの曲選びにこだわる、そして自ら演奏する』という強い意志がほしい！　そして、自分がいつでもステージに立てるくらい勉強をしているということが、じつは親御さんへのアピールになっていきます。自分で弾くことを諦めないで演奏も、指導法も学び続けてほしいですね」

――これから音楽教室の先生を目指す音大生や若い先生方にとっては、厳しいながらも力強いメッセージではないでしょうか。

 撮影／伊ケ崎 忍

第4章

大切なのは
ミッション、目標、計画

ミッションって考えたことがありますか？

さて、私たちが行動を起こそうと思うとき、必ず「それは何のためにするのだろう？」って考えますよね。それを一歩前に進めて、顧客である生徒にどのように役に立ちたいか、大げさに言えば任務、使命みたいなもの、もう少し砕けて言えば役割に該当するのがミッションです。第2章で触れたドラッカーは、『経営者に贈る5つの質問』（上田惇生訳／ダイヤモンド社刊）の中で、経営者に向けて次の質問を発しています。

第1の質問　われわれのミッションは何か
第2の質問　われわれの顧客は誰か
第3の質問　顧客の価値は何か
第4の質問　われわれの成果は何か
第5の質問　われわれの計画は何か

このうち最初に問われているのがミッションです。企業では「経営理念」とか「企業理念」と言われることが多いのですが、自分の会社が存在する意義や社会での役割を意識しないと、その事業を長く続けることはできないと説いています。音楽教室でいえば「私の音楽教室とは何か？」という部分です。「もしドラ」では野球部は、「顧客に感動を与えるための組織」と定義づけられていましたよね。その部分です。

もしかしたら生活するにはおカネが必要だから、「おカネのため」という割り切った考え方もあるかもしれません。でも、それでは長く続けている間にむなしくなるだけのような気がします。

例えば、私はなぜこの本を書いているのでしょう？　多くの学生や卒業生が憧れの音楽教室の先生を目指すのですが、十分な収入が得られず、苦労している現実を変えたいからです。そして、夢に終わるかもしれませんが、音楽教室市場が今の10倍くらいの規模になり、音楽を愛する人が増え、文化としてさらに栄え、楽譜や楽器がたくさん売れて、音楽に志を持つ人が、もっと積極的に音楽大学を目指せるような社会になってもらいたいからです。

私は、音楽教室がその起爆剤になりうると考えているのです。ですから、みなさんにも、「なぜ自分は音楽を教育サービスとして生徒に提供しようとしているんだろう？」と一度深く考えていただきたいのです。そして、それは長く音楽教室を経営していくうえで、とても大切なことだと思います。

音楽教室を経営していく過程では、必ずトラブルや悩ましい選択肢に遭遇します。その際、原点として立ち返って考えられるもの、経営の軸や指針になるもの、それがミッションです。

企業がミッションとしている例をご紹介すると、

●株式会社オリエンタルランド（ディズニーランドの運営会社）
　自由でみずみずしい発想を原動力に すばらしい夢と感動 ひととしての喜び そしてやすらぎを提供します。

●株式会社ポケモン
　ポケモンという存在を通して、現実世界と仮想世界の両方を豊かにすること。

●サントリーホールディングス株式会社
　人と自然と響きあう（グループ企業理念）

といった感じです。とはいえ、なんでもゼロから考えるのは大変なものです。HPを作っている音楽教室には「経営理念」や「ミッション」を掲載している教室も多くあります。それらに目を通し、共感できるミッションを参考にするのも1つの方法です。でも、とても大切なことですので、まずは自分でじっくり考えてみることをお勧めします。

じつはこのミッション。本書ですでに一度登場しています。それに気付いたあなたはすばらしいです。そう、第2章のドラッカーの言葉（P.47）を思い出してください。

「顧客とは誰か」との問いこそ、個々の企業の使命を定義するうえで、最も重要な問いである。

自分の音楽教室にとっての「顧客とは誰か」の問いこそが、自分のミッション（＝使命）を導いてくれるのです。

せっかくの機会ですから、本書では残り4つの質問もテーマとしてとり上げます。第2の質問はすでに第2章でとり上げています。第3の質問は第2巻第2章で、第4、5の質問はこのあと説明します。

成果をあげるために、計画を立てましょう

ドラッカーが経営者に第4、5の質問を発した背景には、「ミッションがあれば、そのミッションを実現するためにあげなければいけない成果が決まるはずで、その成果をあげるにはしっかりした計画が必要」という考えがあります。

「経営計画」というと少し堅苦しい感じですが、みなさんも演奏会や発表会で演奏することが決まると、演奏する日を目標にして、いつまでに何をやるか、いつまでにどこまででできるようになるか、と計画を立てると思います。そして計画どおりにいくと良い演奏ができ、計画どおり進まないと思わぬハプニングが待ち受けていることが多いのではないでしょうか。音楽教室の経営にも同じことが言えます。

企業では3年単位の中期計画というものを作る場合が多いのですが、5年でも結構です。少し長い目で見た自分の教室のあるべき姿を思い描き、目標を立てましょう。目標で大切なことは、生徒数何人、年間レッスン料いくら、などとできるだけ具体的な数値で設定することです。それが決まると、1年目、2年目の到達目標が決まりますし、1年後の

目標が決まれば毎月も決まり、毎月が決まれば毎週も決まりますね。

そして、立てた計画が予定どおりに進んだのか、計画期間の終わりにチェック(注1)することが大切です。チェックして計画より先に進んでいれば、次はもっと大きな目標を持ってもいいかもしれませんし、逆に1か月後の目標が達成できていなければ、次の月の計画はやり残した分も含めて達成する計画に立て直さなければなりません。

また、なぜ達成できなかったのか分析することで、自分の弱点や課題も見えてきますから、それを克服する取り組みも行うことができます。計画と実行、チェック、計画の修正を繰り返すことで、目標が実現できる可能性は高まっていくのです。

このように計画を立てて、それに従って過ごしてきた人と、何となく1日を過ごしてきた人では10年後にとても大きな差となって現れます。ピアノを毎日何となく30分弾いている人と、3年後はブルグミュラー、5年後はツェルニー30番、7年後は……10年後はショパンのエチュードと目標をもって日々の練習計画を実行し、その進み具合をチェックして目標を達成しようとする人の差、と言えばわかりやすいでしょうか。音楽教室経営ではぜひ後者を実践していただきたいと思います。

計画がないとどうしても漫然と、「いつかは教室を開きたいなぁ」と思うだけで、いたずらに日々を過ごすことになり、自力で実現させるのは難しいもの。ぜひ計画的

〈例〉開業までの中期経営計画（注2）

		1年目	2年目	3年目	
資金計画	貯蓄目標	左端に目標やその達成に必要な取り組み課題を記入し、各マス目に「計画当初の目標」と「終了時の実績」の両方が記入できる大きさで作成。（目標）（実績）に区別して記入していく			開業
	収入（労働）計画				
	支出計画				
指導スキル向上対策					
保護者対応スキル向上対策					
開業場所の選定		活動中に生じた必要な取り組み課題は縦軸に行を設け、適宜追加する			
マーケット調査					
月謝、広告などの戦略策定					
今期の反省点・改善点		次の期の活動を、より効果的なものにするため、具体的な数字を使いながら真の原因分析を行う			
前期からの改善状況など					

＊3年では難しい場合は5年で考える

に物事を進め、開業を目指していただければと思います。

1年サイクルのPDCA

3年、あるいは5年の計画というと結構大変です。最後の1年にがんばってまとめてやればいい、などと思っても簡単に実現できるものではありません。まず1年目の目標をクリアするためには、毎月の進捗管理をしっかり行う必要があります。

その際、威力を発揮するのがＰＤＣＡという考え方です。1年目の到達目標を12か月の月ごとの目標に小分けして設定し、その達成に向けて毎月の成果を管理していく手法です。

〈PCDAサイクル〉

〈例〉1年間のPDCA表

		1月		2月		3月		～	12月	
		計画	実績	計画	実績	計画	実績		計画	実績
資金計画	貯蓄目標									
	収入（労働）計画									
	支出計画									
指導スキル向上対策										
保護者対応スキル向上対策										
開業場所の選定										
マーケット調査										
月謝、広告などの戦略策定										
改善すべき点		1か月を振り返り、翌月改善すべき点を記入								
「改善すべき点」の改善状況		「改善すべき点」が翌月きちんと改善されたか記入								

資金計画や音楽教室の先生として身に付けるべき能力、スキルについては計画当初から1年後の到達目標を決めて、毎月の取り組みを記入。

その他の項目については、将来的に取り組む必要が想定されているものを予め縦軸に項目として組み込んでおく（この表では「開業場所の選定」から下の項目）

翌年以降の実施テーマなどを記し、「見える化」しておく

<1年間を振り返って>

1年間の活動を振り返り、達成できた目標、未達に終わった目標について記述。その実績を踏まえて次の年に取り組み強化すべき課題などを記述

まずは1月の目標を立て（Plan）、実行（Do）します。1月の終わりまたは2月はじめに、計画がどの程度できたか点検（Check）すると同時に、2月から改善（Action）すべき点を列挙し、2月の行動計画に反映させます。この繰り返しを毎月行います。

さらに毎月の目標達成のためには毎週の、毎週の目標達成には毎日のPDCA表を作ります。毎日のPDCA表は週間行動計画としても活用できます。このようなきめ細かい管理の積み重ねが3年後の開業、その後の音楽教室の成功へとつながるのです。

PDCAについては、最近さまざまな本で紹介されていますが、私は銀行員時代の30年間、このPDCAを繰り返してきました。私が入行した旧富士銀行（現みずほ銀行）では表の作成が定着しており、週末（または翌週初）、月末（または翌月初）、期末（または翌期初）ごとに課員は課長と、課長は支店長と、PDCAの進捗状況をチェックし、上司の指導を受けていました。正直、若い頃は非常に苦痛でしたが、今考えるとこの手法は、夢をかなえるのに最も現実的な管理方法ではないかと思います。音楽教室を開く場合、上司にチェックしてもらってアドバイスを受けることはできませんが、自分でチェックし、不足していると感じる点はセミナーに参加したり、その問題に詳しそうな人のアドバイスを受けたりするといいと思います。

なお、ここでは目標を3年または5年後の音楽教室開業に設定しましたが、すでに開業されている方は別な目標設定を行うことで3年後、5年後のありたい姿を目指すことができます。「生徒50人、平均月謝1万2000円」でもいいですし、さらに上を目指して「新たに教室を1か所新設する」でもいいと思います。

ただ、3年後の目標を立てても漠然とした目標になりやすいので、3年後にそこに到達するための「年間計画↓それを可能にする月次計画↓それを可能にする週次計画↓日々の行動管理」というようにブレークダウンすることで1日の使い方、1週間の使い方、1か月の使い方が見えてきます。3年後の今日のために何をするか、それを考えながらチェック、改善を繰り返す人とそうでない人では1年の使い方に大きな差が生じ、それが5年、10年と続くと途轍《とてつ》もない差になります。こう考えると人生は積立預金のようなもの。ぜひPDCAを有効に活用し、将来大きな利息を手にしていただきたいと思います。

計画倒れにならないために

以上、自分の目標や夢を達成するために時間を有効に使う手段としてPDCAをご紹介しました。10年後の夢を本気で実現したいと思ったり、1年後の目標が明確な場合には非常に有効な手段です。ただ、何ごともはじめは明確な目標が思い浮かばない、どこから手をつければいいのかわからない、ということも当然あると思います。そんな場合はどうしたらいいのでしょう？

このようなときは、樹原涼子先生がP.74でアドバイスされた「外側から考えすぎない」が解決のヒントになると思います。大きな夢や1年後の目標が明確に決まらないなら、目先の目標でいいので、そのために必要なことをすべて書き出すのです。例えば「7日間で5人に生徒の紹介を依頼する」という目標であれば、次ページの表のように5人を書き並べて、依頼する日を決めます。紹介予定日に○を付けて、予定どおり終われば●として、できなければ○のまま、次の目標に組み込んで管理します。

このように、小さな目標ごとに管理をしていくと、だんだん慣れて、ＰＤＣＡに近づいていくと思います。「まずはできることから始める」――考えられるすべてのやるべきことをあぶり出し、それを決めた期限ですべてやり遂げる、その繰り返しが自信につながるはずです。

表は何もワードやエクセルで作成したり、定規を引いてきれいに作る必要はありません。自分で見て、使いやすいように作ることが肝心です。そして目標を自ら管理し、決めた期日に達成させることが重要です。

〈例〉7日間で5人に生徒の紹介を依頼する（当初計画）

	1日目	2日目	3日目	4日目	5日目	6日目	7日目	（チェック）
Aさん		○						（未了）
Bさん				○				（未了）
Cさん			○					（未了）
Dさん					○			（未了）
Eさん				○				（未了）

〈例〉7日間で5人に生徒の紹介を依頼する（終了時）

	1日目	2日目	3日目	4日目	5日目	6日目	7日目	（チェック）
Aさん		○	⇒	⇒	●			終了
Bさん				○	⇒	●		終了
Cさん			○	⇒	○（変更）	⇒	●	終了
Dさん					○	⇒	⇒	（次週）
Eさん				○	●			終了

⇒翌週もA～Eさん以外の人への生徒紹介計画を立て、その中にDさんを組み込みフォローする。

あと、夢や目標をスケジュール帳や手帳などに書き込んでおく、というのもひとつの方法かもしれません。ワタミグループの創業者である渡邉美樹会長の座右の銘は「夢に日付を」だそうです。手帳術に関する本もお書きになっており、「夢を実現させるには、それを文字に書いた〝紙〟を常に読み返し、頭に刻み続けるべきだ」とのお考えで、「2020年にグループで3000店舗出店」とか「2020年に農業部門で売上高1000億円達成」などとすべて〝数字〟で書き、実現していったそうです。ただ、漫然と書くのではなく、到達点を数字化し、そのカードを常に持ち歩き、その数値に向かって必死で取り組んだそうです。常にその数字を見ることで、目標管理を行っていたという意味では、PDCAと同じ効果があったのかもしれません。

私自身は夢を書く、ということはしていませんでしたが、考えてみると銀行員時代はいつも目標数字が振られ、それを達成させるための会議が開かれ、その期が終わると達成状況はどうだったかが人事評価の基準でした。

自ら進んで書くか、仕事で書かされるかは別として、目標なり夢を実現するには、目標とする生徒数などの数字を紙に書いて、残された期日までの時間と達成状況を見比べながら達成に向けた作戦を考えることがとても大切なのかもしれません。正直申し上げますと、この章を書きながら、私は銀行に置いてきてしまったとても大切なことに、たった今気付かされた気持ちになっています。

ミッションや計画などは、じっくり考え、「見える化」し、フィードバック（見直し）を繰り返すことが大切です。ぜひ実践してみてください。

（注1）「チェック」は、「フィードバック」「見直し」「振り返り」などと言い換えられることもあります。

（注2）ここでは事例として、3年後に音楽教室を開業するケースを想定した3年間の中期PDCA表と1年間のPDCA表をお示ししています。どのような目標でも、横軸（時間軸）は変わりませんが、縦軸（目標、取り組み課題）については、目標に応じてさまざまな設定ができると思います。ぜひご自身の目標を設定し、ご活用いただければと思います。

第5章

音楽教室経営の入口に立つまで

音大を卒業したら……

さて、音楽教室の先生を目指す音大卒業生は、一般的には楽器メーカー、楽器店系の音楽教室に勤めることが多いのですが、音楽教室主宰の先生方に開業までのお話をうかがうと、別のルートもあるようです。少し整理してみましょう。

❊開業までの一般的なルート

①音大や大学院卒業後、直ちに開業（ストレート）

実家が一軒家や裕福な場合は、卒業後直ちに音楽教室を始められます。実家そのものが音楽教室だったり、小さい頃習っていた先生が高齢になり、その生徒さんを引き継げたりと、中には恵まれた環境にある方もいますが、ケースとしては稀です。

むしろ、自宅で教えたり、出張レッスンしたりするものの、生徒は数名で、音楽教室が生活の糧《かて》になっておらず、実態的には親が出してくれる生活費頼みのパラサイト先生が目に付く気がします。この生活が案外心地いいのか、必死の改善努力をしている先生は少ない気がして残念です。こうなると、経済的な自立はおぼつかず、いつまでたっても同じ状況が続くことになりかねません。

卒業後、幸いにも音楽教室を開業できる場合には、くれぐれも勉強を怠らず、次章でご説明するブレイクスルーポイントが訪れるまで不断の努力が必要です。

②音楽教室の講師勤務を経て開業

卒業後しばらくヤマハやカワイなどの音楽教室に勤務することで、教えるスキルを身に付け、おカネを貯めることで音楽教室開業にこぎつけるパターンです。かつてはこのパターンがゴールデン・パターンでした。第1章（P.21〜22）でお伝えしたように、女性は結婚して専業主婦になるのが一

〈音大卒業から音楽教室開業まで〉

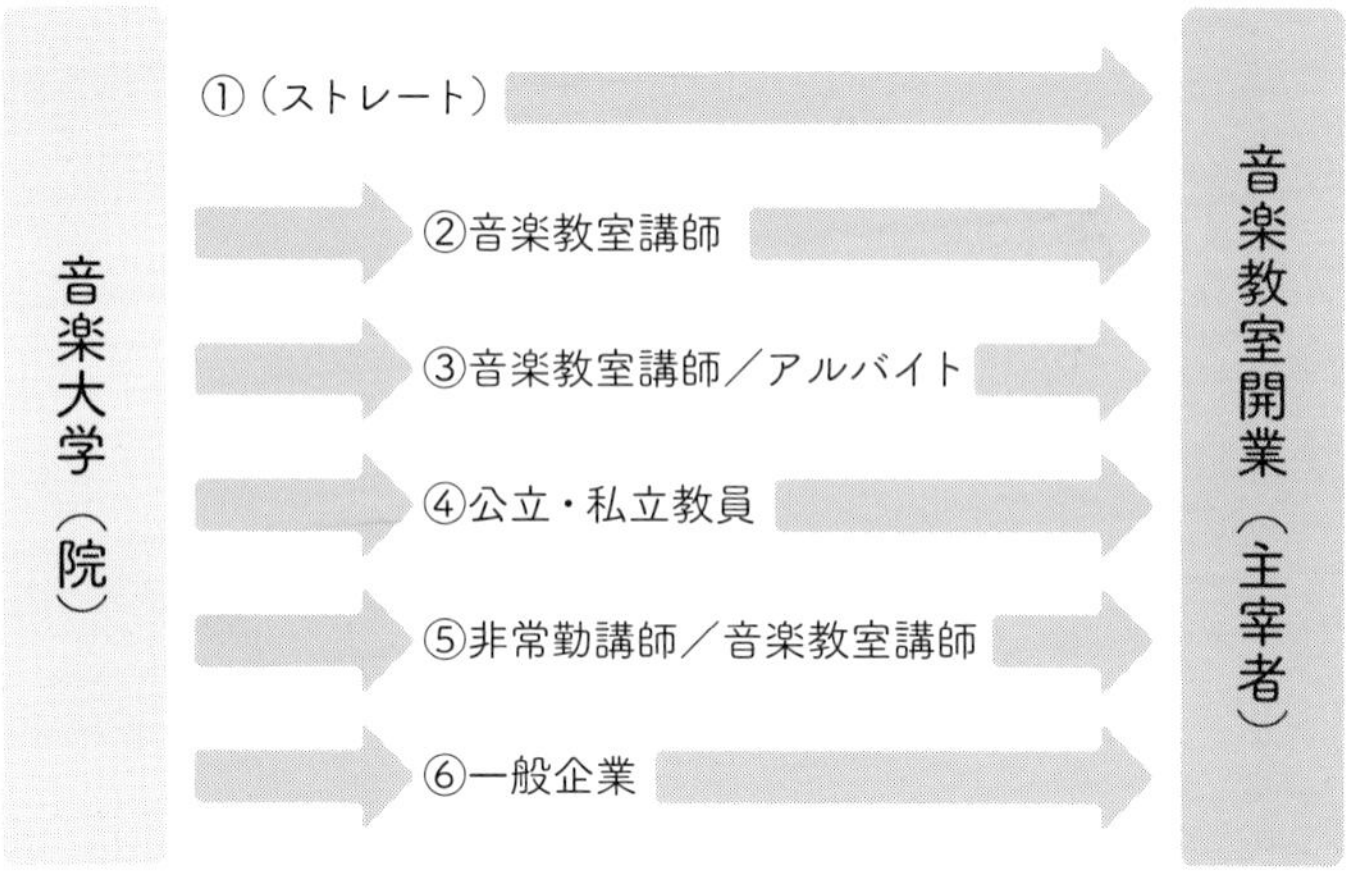

般的でしたから、収入面は男性に任せればよく、「音大卒業⇒音楽教室講師⇒結婚・出産⇒子育て一段落で自宅音楽教室開業」という形で多くの方が音楽教室を開業することができたのです。しかし、現在ではこの道が、とても狭くなっています。

このパターンでは、音楽教室講師の時代、月に20人、月謝８０００円で教えたとすると、生徒からの月謝は16万円。講師の報酬はその50％前後の場合が多いので、８万円前後と考えられます。就職した新入社員並みの月収20万円を超えるには、生徒50人くらいは必要ですが、現実には勤務当初からその人数を教えられることは稀で、数年はかかるようです。

勤務年数が経過しスキルアップしたり、より高い指導グレードを取得したりすることで報酬額はアップしますが、昇給・昇格やボーナスがあって、30歳になる頃には月収30万円（年収３５０万円前後＝30歳女性の正規社員平均）に達する一般企業の収入にはとても及ばないのが実情です。そのため経済的に頼れる男性（女性）と結婚するか、親などの強力な後ろ盾が得られない場合、自力で自分の教室を持つ難易度は高く感じられるかもしれません。この講師時代にどれだけ多くのことが学べるか、目標に向かって努力できるかがカギのようです。

③音楽教室講師とアルバイトなどをかけもちで経験して開業

②のパターンでは複数の教室をかけもつ人もいますが、出勤日数の割に生徒数が少ない若い先生などは、講師をしながら他のアルバイトをする例も目立ちます。アルバイトにはホテルや結婚式場でのBGM演奏や伴奏など音楽に関わるアルバイトもありますが、それは月に1、2回程度で、実際には飲食店やスーパーでのアルバイト収入が頼りという人が多いようです。

ただ、複数かけもちしても収入が安定しない場合が多く、アルバイトのし過ぎで音楽のレベルを落としたり、アルバイトで体調をくずしたりするケースも散見されます。そのため音楽教室を持つ難しさは②と変わりありません。

ただ、異性との出会いという面では①より恵まれているようで、結婚する人は多くいます。もっともアルバイト同士で結婚し経済的なもつれから離婚するなど、もっと相手を見極めた方がいいのでは？　と思うケースも多く、結婚が必ずしも音楽教室開業への道にはつながっていないかもしれません。

④公立・私立学校教員勤務後、開業

このケースは卒業当初、音楽教室を始めるなどとは考えてもいなかった人がほとんどで

す。小学校や中・高等学校の教員を目指し、教員採用試験に見事合格しますが、教員の仕事はハードで、生徒の保護者とのコミュニケーションにも苦労します。大学時代に描いていた理想の教師像とかけ離れた生活に嫌気が差し、退職後、音楽教室を開業する事例です。

教員を10年ぐらいやると開業に必要な資金は貯まっていますので、スムーズに開業できることが多いようです。ただ、教員は世間事情に疎い場合も多く、元教員という肩書きにこだわってか、例外はあるものの経営的な成功を収めている例はそう多くないようです。

⑤大学などの非常勤講師と音楽教室講師をかけもちで経験して開業

音楽の世界に限らず、大学の専任教員のポストは非常に狭き門です。企業の社員に例えれば、非常勤講師までは非正規社員で、契約期間の定めのない専任教員以上が正規社員。非常勤講師だけでは生活が苦しいため、音楽教室の講師を兼務することが多いようです。非常勤講師が長くなり、そのまま定年を迎えたり、専任講師の道を諦めざるを得ない状況が生じたりして音楽教室を開業する場合があります。ただし、独力で開業できる資金的余裕があるケースは少なく、②、③同様、軌道に乗るまでは配偶者や親などのスポンサーが必要な場合が多いようです。

⑥一般企業に就職後、開業

最近私が最も注目しているパターンです。私がこのパターンに注目するようになったのは、ピティナがＨＰで掲載した記事がきっかけでした（ピティナＨＰ⇓協会概要⇓ニュース⇓15年7月10日付）。タイトルは「あこがれのピアノ指導者になるために〜一般企業への就職という選択〜」。この記事は、私が著書『「音大卒」は武器になる』の中で指摘した、音大生が音楽の学びを通じて身に付けた能力は一般の企業でも十分活かせる、という考えをさらに前に進め、一般の企業勤務という「回り道」をすることで、ピアノ指導者としてより高い能力と基盤が得られる、という内容で、実際にそのような経験を経て活躍しているピティナ会員のピアノ指導者6名が紹介されていたのです。これ以来、私は音大で指導する際、よくこの記事を使って学生にこの道を考えてはどうかと提案するようになりました。

ただ、この道を進むにも注意が必要です。特に一般企業に勤務する間、音楽とどう向き合っていくか、という問題。私も長く銀行に勤めましたが、勤め人はどうしても目の前の仕事に追われがちになります。音楽を継続していく難しさを感じることは数多くあるのではないでしょうか。それについて、〈nana piano lesson／千葉県市川市〉を主宰する元ＪＡＬキャビンアテンダント（ＣＡ）の福山奈々先生からお話をうかがう機会があり、大いに参考になりました。

福山先生は、音大ご卒業後、当時の他の音大生と同じように演奏活動を行いたいと考え、子ども向けに自宅で音楽を教えながらラウンジや披露宴での演奏活動を行っていたそうです。しかし、演奏のため事務所に登録したもののレギュラーはなく、収入は安定しませんでした。結局1年経つ前に限界を感じ、ＪＡＬのＣＡに応募し、見事合格されました。最初は契約社員でしたが、3年後に正社員となり、結局10年以上勤務されました。

その後ピアノ教室を開業するわけですが、Ｊ

AL社員の間も音大時代やそれ以前にお世話になった先生のレッスンを受けたり、年に1回は演奏会に参加したりして音楽の実力維持に努めたそうです。現在では、JALでの勤務経験が、一般企業での社会人経験のない先生との差別化要因になっているのではないかとのこと。

ご自身も卒業直後はそうだったと自省されていましたが、単に音大を卒業しただけでは、保護者と同じ〝一般的な目線〟が持ちにくいようです。現在、保護者のみなさんに、わからないことは何でも聞きやすく相談しやすい、自分の子どものことを真剣に考えてくれている、などと感じてもらえているのは、CA時代に学んだCS（顧客満足）の精神やコミュニケーション術によるものではないか、と分析されていました。

保護者の気持ちに寄り添えずに信用を失う先生が多くいる一方、福山先生の門をたたく保護者・生徒は後を絶ちません。「保護者が教室を選ぶ際は、先生の人間性が重視される。人間的魅力は先生選びや生徒定着に大きく作用するのではないか」とのお言葉が印象的でした。企業勤務には経済的自立が図りやすく、開業資金も貯まりやすいという経済的観点以外の恩恵もありそうですね。

教室に所属する講師時代の過ごし方

以上、開業までの一般的なルートを見てきました。数の上では音楽教室に所属する講師から開業する事例が圧倒的多数ですが、すでにお話ししたとおり、この道から自力で教室を持つには経済的サポートが必要になる場合もあり、途中で音楽教室の先生自体を辞めてしまう人も少なくないようです。音楽教室をもっともっと活性化させたいと考えている私にとっては、とても残念な思いです。何とかこの時代の過ごし方を工夫することで、活路は見出せないものでしょうか？

音楽教室に所属すれば、将来の音楽教室経営に役立つことが多く学べます。大手教室の講師であれば、体系だったレッスンやシステム化された教室運営方法が学べ、優秀な指導者とも知り合えますし、大手ではなくても、人に教えるコツを掴んだり、子ども・保護者の扱いに慣れたり……。

他の仕事との兼業――小中高校の非常勤講師や一般の企業の派遣社員など――であれば、音楽教室とは別の生徒や保護者との接し方が学べたり、企画・計画立案の方法や接客対応などが学べたりします。これをうまく活用し、音楽教室経営に必要なスキル、ノウハウを磨くことは将来の大きな財産になりそうです。

また、所属する教室に、折りに触れ自分をアピールする心掛けも大切です。具体的には、指導グレードを取得して意欲のある姿勢をアピールする、体調を壊すなどで急に都合のつかなくなった先生の代替レッスンを積極的に引き受ける、などです。雇い主である主宰者の先生に頼られるようになれば、生徒数が増え、月謝の報酬率の引き上げにもつながります。うわべの誉め言葉ではなく、本音としていかに「あなたがいないと困る」という状況を作り出せるかがポイントです。

このような状況が作り出せれば、受け持つ生徒が増え、収入アップが見込めます。教室所属の講師報酬は、時間給の教室もありますが、多くは受け持った生徒が支払う月謝の一定割合です。ですから、受け持つ生徒数が増える期待が持てそうな教室を選ぶことも重要です。すでに多くの生徒を抱えている教室や、生徒が増えている人気教室であれば、講師の入れ替わりや、新規入会によって受け持つ生徒が増えるチャンスがあると思います。

長期スパンでの目標に合わせて貪欲に学べば、おのずと結果も出て、勤務する音楽教室や学校、勤め先での待遇もよくなるはずです。そうして徐々に経済的なプラスが多くなれば、開業の日は近づいてくるのではないでしょうか。

いろいろある！　生徒に教えるうえで必要なこと

音大生やその卒業生をみていると、とても勉強熱心で感心することが多いのですが、一方で少し視野が狭く感じたり、あと一歩という欲がなくて残念だな、と思ったりすることがあります。

なぜかな、と思っていたのですが、ある音大卒の方から「それだ！」と感じる指摘をいただきました。その方は、「いくら音大での成績がよくても、あるいは演奏の実力があっても、応用力がないといい先生にはなれない」と言うのです。なるほど！　私が少し視野が狭く感じた原因の1つに、もしかすると応用力の不足があるかもしれません。失礼ながら、学ぶことで自己満足してしまっているというか……。セミナーの応用や活用はできていますか？

もしかすると、小さい頃から「先生から教わったとおり」や「楽譜どおり」に演奏することを求められて育ってきた影響もあるのかもしれません。そのため、自分の中で消化しきれず、単なる真似事や正しさの追求に終わってしまい、先生から教わったことや楽譜に書いてあること以外教えられない、弾いている音の間違いしか指摘できない、ということになるのです。

一方、天才肌で、あまり苦労せずに演奏できてしまう人もいるようで、これはこれで教える場合は大変です。「もっと、貴族っぽく」「もっと、土の妖精のように」などと抽象的な表現を使われても、何をどうすればいいか、悩んでしまいますね。スポーツの世界でもよく「名選手は必ずしも名監督ならず」という言葉を聞きますが、音楽教室の先生も同じで、「演奏の達人は必ずしもいい先生とは限らない」ということが言えそうです。

「教える」はティーチングですが、相手に「気付かせる」はコーチングと言います。

コーチングは最近特にスポーツ指導で注目されていますが、音楽教室でも〈アルコバレーノ／広島市〉を主宰する重野美樹先生などがコーチングをとり入れた指導で有名です。このコーチング、ぜひお勧めしたい指導スキルです。

また、このように苦労した経験や気付きから得たものは、本のここに書いてある、とか○○先生が教えてくれた、というものではないと思います。経験して初めてわかることや、多くの生徒を教える中で身に付けることってありますよね。それを意識して日々を過ごす人とそうでない人では先生としての成長に大きな違いが出てくるのではないでしょうか。

- なるべく多くの生徒と接しようとする
- 生徒の気持ちになって考えてみる
- セミナーや研修会に積極的に参加して、それをレッスンに応用する
- 教材研究や専門以外の音楽を熱心に研究し学ぶ

こんな工夫を心掛けてみてください。

なお、実際に音楽教室を開業する場合、指導力の養成や生徒の管理術、音楽関係の人脈作りなども不可欠な要素。優秀な先生は常に新しい情報に目を光らせていて勉強熱心で

す。このあたりはみなさんの方がお詳しいと思いますが、「ソルフェージュは○○先生に習うと△音大に入りやすい」とか「留学を目指すなら××先生とのパイプを活かした方がいい」、あるいは生徒の進学先選びや、楽器購入・調律師情報、発表会会場選びなど、音楽に関するあらゆる分野の情報通になることが大切です。それらの情報を顧客（生徒や保護者など）のニーズに合わせて提供できれば、それだけでも差別化要因になります。

これらについては音楽教室を実際に経営されている先生方からのアドバイスにも耳を傾ける必要がありますので、以下にいくつかの本をご紹介しておきたいと思います。

・井上幸子先生『生徒が1000人集まる音楽教室の作り方』（ドレミ楽譜出版社刊）
・木下早苗先生『もっとよくなる！　あなたの教室』（カワイ出版刊 ※現在Kindle版のみ）
・樹原涼子先生『ピアノを教えるってこと、習うってこと』（音楽之友社刊）
・藤拓弘先生『成功するピアノ教室』ほかシリーズ本（音楽之友社刊）
・中嶋恵美子先生『発達障害でもピアノが弾けますか？』（ヤマハミュージックメディア刊）、『知っておきたい幼児の特性』（音楽之友社刊）
・ピティナ協力『生徒を伸ばす！　ピアノ教室運営大研究』（ヤマハミュージックメディア刊）
・元吉ひろみ先生『シニア世代に教える最高のピアノレッスン法』（ヤマハミュージックメディア刊）

〈以上50音順〉

・雑誌『ムジカノーヴァ』（音楽之友社刊）の特集や連載記事（益子祥子先生「プロ意識を持ったピアノ指導者になろう！」など）

注意が必要なのは、この先生方は大人気の

先生方。参考にしたり真似することはできても、それだけでは必ずしも生徒が集まるわけではありません。ぜひ、応用力を身に付けて、あなたオリジナルの教室作りを行ってください。

HP、ブログ、SNSも活用しましょう！

ホームページ（HP）、ブログ、フェイスブックやツイッターなどのSNS（ソーシャル・ネットワーク・システム）の活用も大切なポイントです。音大生を見ていると、スマートフォンは持っているけどパソコンは持っていない、という学生が案外多くいますが、パソコンは必須アイテムと考えましょう。

特に私のような中高年の場合は、HP、ブログ、SNSなどと言われても、若い頃聞いたこともない言葉ばかりですから、抵抗感を覚える方もいるかもしれません。ただ、今や情報社会。情報を制する者がビジネスを制する時代です。情報は入手するもの、と思い込んでいませんか？　こちらから発信することもとても大切なのです。

私が就職指導でよく使う言葉に「ＩＮＰＵＴの世界」と「ＯＵＴＰＵＴの世界」という

言葉があります。「ＩＮＰＵＴの世界」は、大学（院）生までのおカネ（授業料）を払って、知識・知見を吸収する世界、「ＯＵＴＰＵＴの世界」は、社会人になってこれまで蓄えた知識・知見を基に成果・報酬を得る世界のことで、学生時代と社会人では知識・知見とおカネの流れが逆になることを理解してもらうために用いています。

これと同様のことが情報についても言えます。音楽教室の先生になったら、おカネを払って情報を得るよりは、自分の持っている情報をどう発信したら生徒集めや教室の魅力アップにつなげることができるか、という発想を常に持つ必要があるのです。ＨＰ、ブログ、ＳＮＳはそのための手段。ぜひうまく使いこなして活用していただきたいと思います。自分が発信した情報がいい情報だったと感謝された、ＨＰに記載した理念に共感が得られて入会につながった、そんな成功体験を積むことで、どんどんＯＵＴＰＵＴした情報から成果が生み出されるといいですね（次ページの図参照）。

なお、ＨＰ、ブログ、ＳＮＳでは、それぞれ情報のリアルタイム性や鮮度の保ち具合などに違いがあります。「友達」の輪を広げて人脈を築くとか、イベントの直前情報などを発信したい場合はＳＮＳが効果的ですが、他の情報が上に載ってきますので、情報の寿命としては数日です。一方、ＨＰは、情報の更新をコントロールしたり見せ方を工夫することで情報鮮度はある程度長く保てます。ブログはＨＰとＳＮＳの中間的なイメージです。

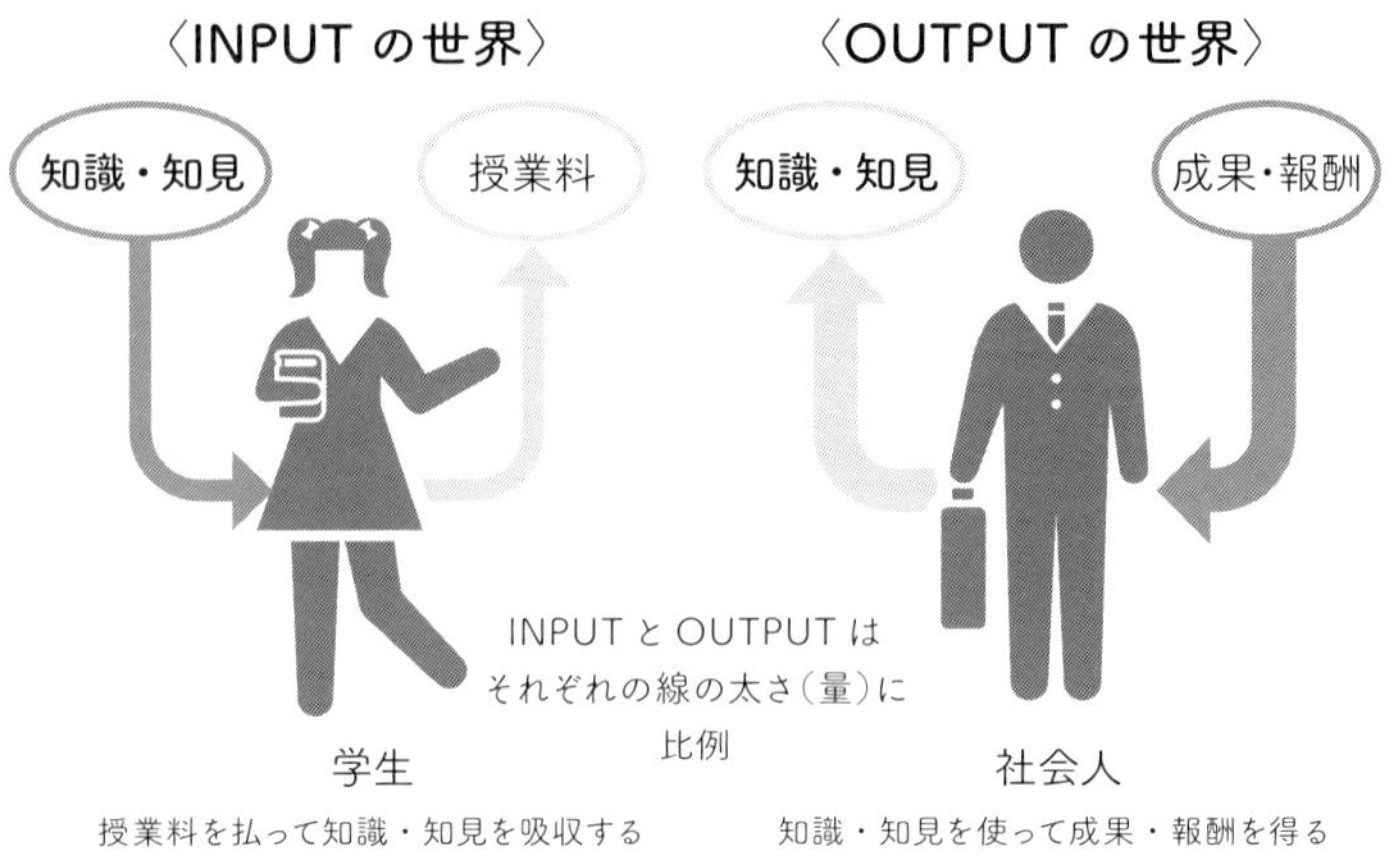

〈音楽教室の先生の INPUT、OUTPUT イメージ〉

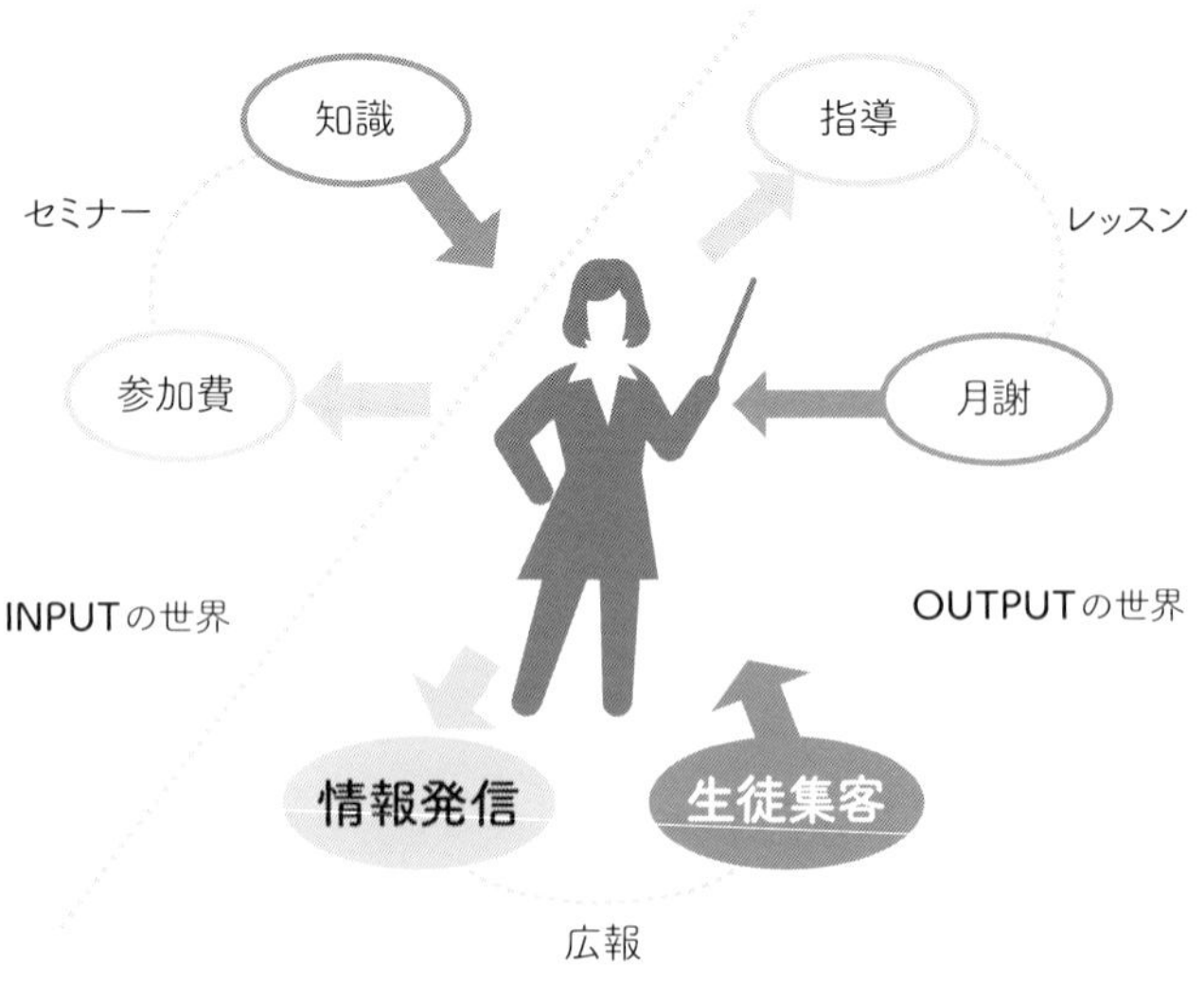

クチコミ作戦

ＨＰ、ブログ、ＳＮＳの活用は、クチコミの獲得にもつながります。これらの情報ツールはテレビなどと違って双方向性がありますから、生徒のご両親などの中から教室を称賛してくれる人が出てくると、その情報は瞬く間に〝伝染〟します。そう、クチコミは〝伝染〟するものなのです。

伝染させるためには、自分の音楽教室の価値を高めることが何より大切ですが、教室に関する情報の透明度を高めておくことも大切です。教室の理念や教育方針、レッスンの料金体系などをわかりやすくＨＰなどに掲載しましょう。そうすることで生徒や保護者が入会する際の納得感が得やすくなりますし、さらに期待どおりであれば教室のファンになり、自分の口で言うに事足りず、ＨＰやＳＮＳなどさまざまな場所に教室への感謝の言葉や、この教室に通ってどのような効果があったかなどを投稿してくれます。そうなれば効果は絶大です。

逆に怖いのは、悪口やクレームもすぐに〝伝染〟し、情報として駆け巡ることです。情報は戦略的に、そして慎重な取り扱いが重要です。

　生徒やその保護者はさまざまな価値観やニーズを持っていますが、それらに寄り添い、その欲求を満たしてあげる音楽教室にすることができれば、ＳＮＳなどを通じて教室の情報はどんどん拡散して広まります。そのためにもＨＰやＳＮＳで情報を発信し続けることが大切です。そして、それがその教室のブランド化へとつながっていくのだと思います。

Column

兼業先生、空き時間、何に使ってますか？

本文では複数の音楽教室で教える講師や、大学や高校の非常勤講師との兼業、それ以外の一般的なアルバイトとの兼業から自分の音楽教室を開業する道についてご紹介しました。

収入が少なくて私のところに相談に来る兼業先生を見ていると、いくつか共通した特徴を感じることがあります。

- 一般のアルバイトを始めるとその比率がだんだん高くなる
- 案外アイドルタイム（空いている時間）が多い

こんな感じでしょうか。兼業だと忙しいイメージがありますが、話を聞いていると結構暇にしています。面談の中で空いている時間があることに気付き、「使える時間が多いですね」と水を向けると、「仕事がないから仕方ないんです」という内容の答えが返ってきます。

でも、私にはサボっているようにしかみえません。仕事は「ある」「ない」ではなく、自分で作るものだからです。自分で仕事を作らない

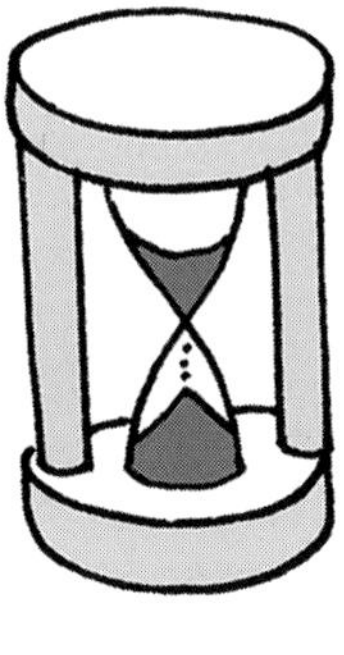

から、暇な時間が増えるし、だんだん音楽教室の講師としての仕事が少なくなり、他のアルバイト比率が高まっていくのです。現在兼業であっても、本当は将来音楽教室を自分で開きたい、高校や大学の常勤講師になりたい、といった夢や希望があるはず。なぜそのような夢や希望のために、空いている時間を有効に使わないのか、とても、もったいない気がします。

原因の1つは、何をしたらいいのかわからない、ということかもしれません。セミナーなどがあれば、音大生は勉強好きなので結構積極的に参加しますが、それで学んだ気になって終わりです。再び暇が始まります。

また、時間の使い道ですが、目先の対応に追われて、少し長い目で見て取り組むべき重要な問題にいつまでたっても手を付けない、ということもあるかもしれません。よく、「重

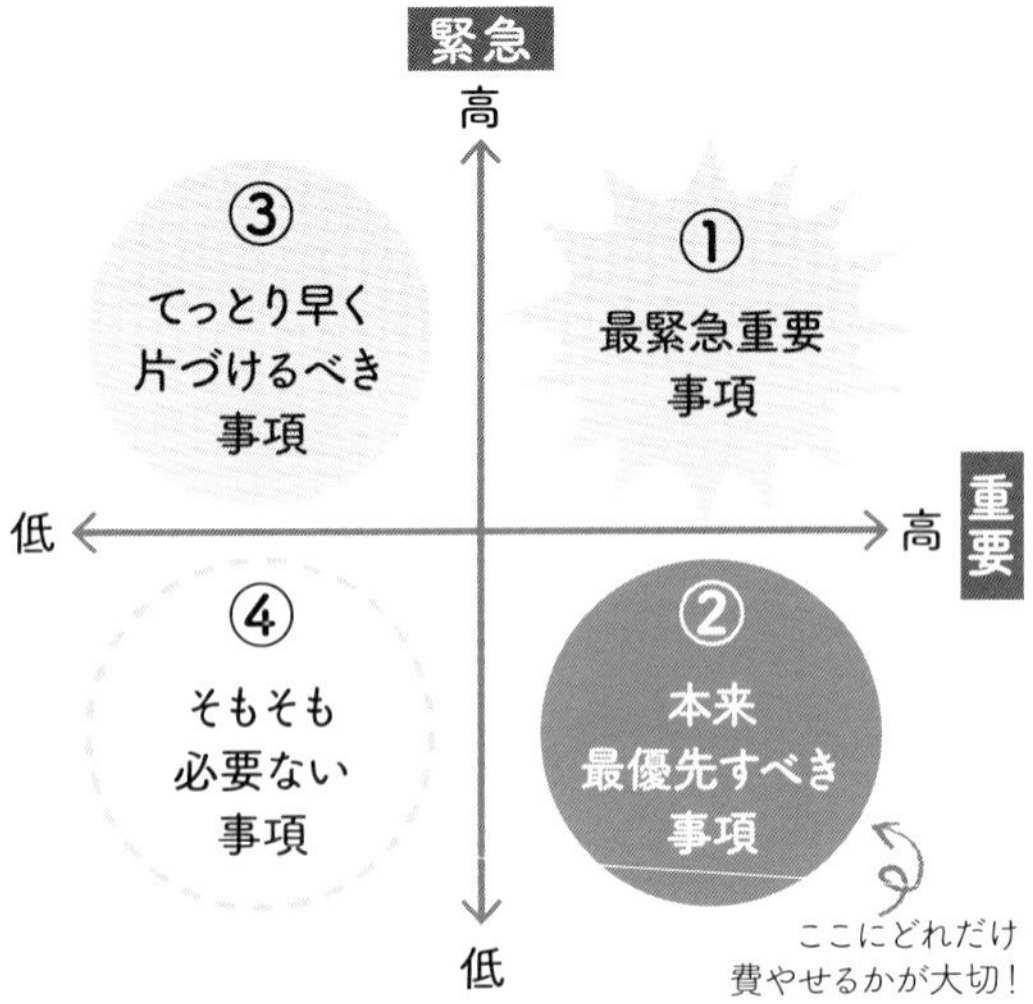

Column
兼業先生、空き時間、何に使ってますか？

要事項」というと、「緊急案件」が思い浮かぶようですが、急ぎでも重要度の低い案件もあれば、緊急ではなくても重要度が高い案件もあります。例えば「将来、音楽教室を開くために、来年1つ上の指導グレードを取得する」というのは重要案件ですが、緊急案件ではありません。結果として手を付けられず、来年合格できないという事態が発生します。

重要度、時間の使い方に関して、私の著者仲間のコンサルティング会社社長、今井孝さんは、『起業1年目の教科書』（かんき出版刊）という本の中で、このような方に私が伝えたい次の2点を代弁してくださっています。

- 経営者の仕事の7、8割は売ること（注：営業活動をする、ということ）
- 本当に無駄なのは、成果が出なかったことに使った時間ではなく、何もしなかった時間

そうなんですよ！　音楽教室の先生や講師は個人事業主として〝経営〟しているのですから、少なくても生徒を教えていない時間の7、8割は生徒募集や収入アップにつながる活動に知恵を絞るべきです。時間について、ドラッカーは、『プロフェッショナルの条件』（上田惇生編訳／ダイヤモンド社刊）という著書の中で、アルミの代わりは銅、労働の代わりは資本などで代替できるが、時間には他に代替できるものはなく、しかも常に不足する、と言っています。

この話からも時間の使い方の大切さが伝ってきます。

また、樹原先生からいただいた第3章コラムのアドバイス以外にも、学校の吹奏楽や合唱指導をかって出る、近所の学校の近くや駅前で教室のチラシを配る、自分のコンサートがあればそれを宣伝に使う、などやれることは山ほどあります。

なぜやらないのでしょう？　思いつかない、というのもあるかもしれませんが、そういうのをやるのはなんか格好悪い、と思っている人も多いのではないでしょうか？　特に大学や高校の講師だったりすると、先生、先生、と呼ばれますので、変なプライドが邪魔をするのかもしれませんね。でも、音楽教室に限らず大学講師の私だってそうですが、生徒がいない限りはビジネスとして成り立たないのです。ですから、音楽教室の先生が生徒を集めようと必死になるのはある意味当然です。そして、必死さがないと生徒は集まりません。

格好つけている場合じゃありませんよ！

これがおしとやかで世間への関心が低い音大生、卒業生への私のアドバイスです。

今井さんはこうも言っています。

●本気でやりたいビジネスであれば、頭を下げることくらい平気

私も本当にそのとおりだと思います。本気で音楽教室を成功させたいなら、本気で大学の専任教員になりたいなら、まわりに頭を下げて仕事や情報を収集し、自分をどうアピールするのか戦略を練り、プレゼンテーション資料や生徒募集のチラシを作って忙しい毎日を過ごしているはずです。

そして、格好悪くてもそういうドブ板を踏んでいる人の後姿は美しいものです。その姿を見て、本気度が伝わり、支援してくれる人、応援してくれる人が1人、また1人と現れてくるものです。

第6章

ビジネスとして成り立つ音楽教室を作りましょう

ここまでのお話で、音楽教室の経営には、音楽以外のさまざまなスキル、ノウハウが必要なことをご理解いただけたと思います。

ここでは、実際に音楽教室を開くことを考えた場合、どのようなタイプの音楽教室が考えられるか、また現在の音楽教室の経営刷新を考えた場合、どのような形態の変更がありうるかを考える際に役立つよう、音楽教室のさまざまな分類形態について考えてみたいと思います。

そしてせっかく音楽教室を開くのですから、どのくらいの生徒が集まればビジネスとして成り立つのか、を具体的な数字で把握しておくことも大切です。目標とすべき生徒数や月謝などについても考えてみたいと思います。ご自分で音楽教室を開業する際、あるいはこれからの飛躍を誓って生徒を多く集めようと目標を定める際の指針にしていただければ幸いです。

いろいろな音楽教室のタイプ

ひと口に音楽教室といっても、組織形態、生徒が習う目的や世代、楽器、レッスン方法などを切り口にして分類してみると、いろいろなタイプがあることがわかります。それぞれについてみていきましょう（第2巻第1章では、大手〜中堅の音楽教室一覧「業界初!?　特徴丸わかり主要音楽教室一覧」を掲載）。

①組織形態による分類

まずはヤマハやカワイのような、みなさんお馴染みの「法人」（会社や学校、財団などのことを法人といいます）がやっている音楽教室と、「個人」でやっている街の音楽教室に分けられます。

法人組織の音楽教室は楽器メーカーやその関連会社の教室、楽器店に併設されている教室、個人の教室が大きくなって会社組織になった教室などがあります。楽器店が独自に教室を開いている場合もありますが、ヤマハなどと契約を結び、楽器メーカーの音楽教室として運営されることも多いようです。

〈音楽教室の組織形態による分類〉

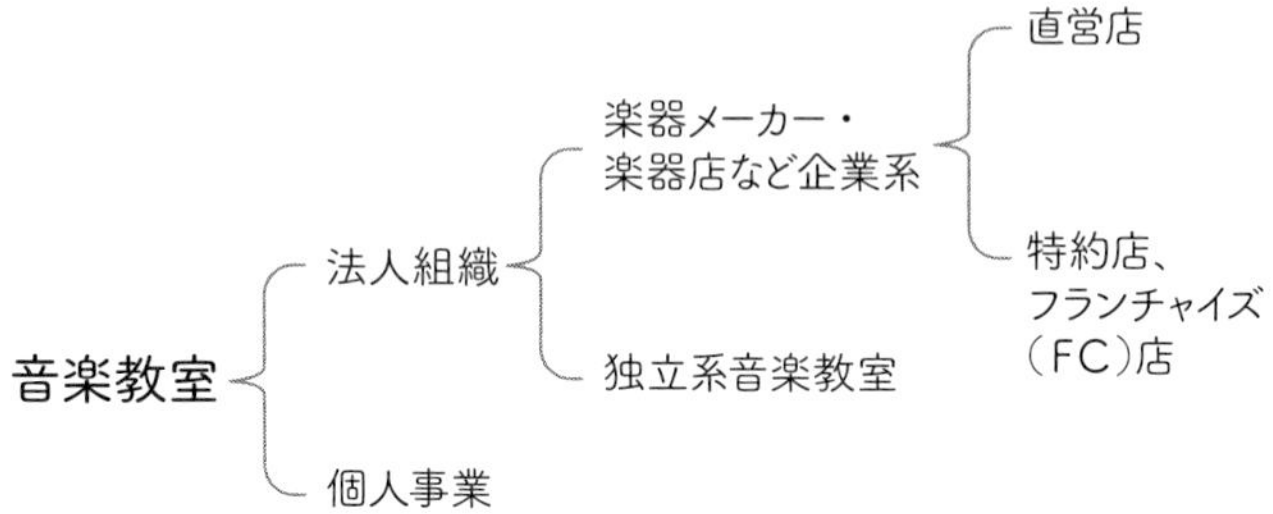

また、ヤマハなどの楽器メーカーやその関連団体が直接音楽教室を運営する直営店、楽器店などが楽器メーカーと契約を結ぶ特約店やフランチャイズ（FC）店があります。同じ楽器メーカーでも、ヤマハはほとんどが特約店、カワイはほとんどが直営店とそれぞれ特徴があります。楽器店では、楽器メーカーの特約店教室と独自の直営教室を組み合わせて運営しているところも多いようです。

②生徒が習う目的別の分類

子どもの教育用、専門家育成用、大人の趣味・娯楽用、これらの目的の複数併用あたりに分かれるかと思います。

月謝の傾向としては、専門家育成＞趣味・娯楽用＞子ども教育用となっています。子ども教育用も年齢が上がるにつれ、月謝は高くなっていきます。生徒集めへの思

〈習う生徒の側から見た目的別の分類〉

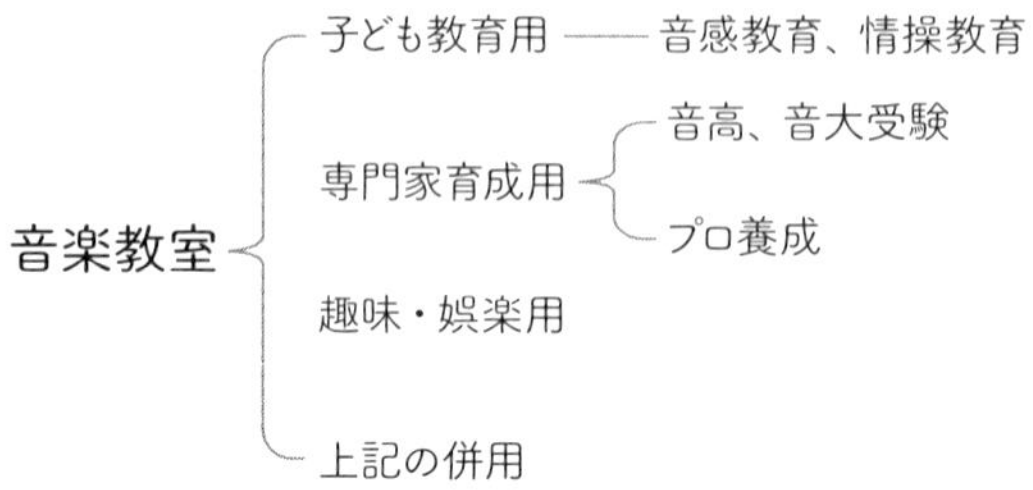

いが先行し、「どんな生徒も教えます」という教室もありますが、その場合、教室の特徴が見えなくなる恐れがあります。いろいろな生徒を教えることは悪いことではありませんが、第2巻でお伝えするマーケティングの考えを使って自分の〝強み〟を活かし、ターゲットとする生徒を意識した方がいいと思います。

その他にもいくつか分類方法がありますので、以下お示ししておきます。

③教える対象による分類
- 子どもの音楽教室
- 大人の音楽教室
- 障がい者などある特定の生徒に特化した音楽教室
- 特に生徒を限定しない音楽教室

④楽器や科目による分類
- ピアノ、ヴァイオリンなどの単一楽器・科目を教える教室
- ソルフェージュと声楽など複数楽器・科目を教える教室

- ほぼ全ての楽器をカバーするフルカバー楽器・科目を教える教室

⑤楽曲ジャンル別分類

- クラシック音楽教室
- ジャズ音楽教室
- ポピュラー音楽教室
- 歌謡音楽教室
- リトミックや独自教材など、その他の音楽教室
- 複数の楽曲対応型音楽教室

⑥場所による分類

- 自宅音楽教室
- 楽器店やスタジオなど施設利用型音楽教室
- 出張・訪問型音楽教室
- 右記の組み合わせ型音楽教室

⑦レッスン人数による分類

- 個人レッスン型音楽教室
- 少人数レッスン型音楽教室
- 集団レッスン型音楽教室

⑧学ぶ内容による分類

- 音楽特化型音楽教室
- 英語、ダンスなど他の教育との併用型音楽教室

基本はだいたいこんなところでしょうか。分類する切り口によって、まだ別な分類の仕方も考えられると思います。それぞれの分類のどこにご自分の音楽教室があてはまるか、あるいはこれから開業をお考えの方は、自分が開く音楽教室をどのような形態にすべきかを考える際の参考にしていただければと思います。

生徒が増えれば、リフォームも、防音も、自由自在！

どうですか、自分が目指す音楽教室像が少し見えてきましたでしょうか？

音楽教室を開業する場合、個人事業主として自分が専攻する楽器や声楽などで始めるのが基本ですが、大きくなると法人組織にしたり、自分の専攻とは違う楽器の講師を採用して、生徒の対象を広げたりして教室を大きくしていきます。やがて大きな教室になると、独自の教室を運営しながら、大手の特約店やＦＣに加盟することもあり得るでしょう。お示しした教室の分類を参考に、ご自身の教室の将来設計をいろいろと考えてみていただければと思います。将来、あなたが思い描く理想の音楽教室が実現できるといいですね。

もちろん、音楽教室に長く所属し続けるのもひとつの道です。ただ、長く勤め人をやっている私が言うのもなんですが、自分でできるチャンスがあるのであれば、いつかは自分の教室を持った方がいいと思っています。私がこれまで勤めてきた銀行や大学はおいそれとは作れませんが、音楽教室であれば小さな規模からでも始められます。自分の音楽教室を持つ！　というのはとっても素敵なことではないでしょうか。ぜひそんな将来像を描いてみてください。

とはいえ、すでに音楽教室を開いている先生方のお話をうかがうと、なかなか思うような生徒集めができていないのが実情のようです。生徒が集まらないということは月謝が集まらないということで、ついつい調律を先延ばししたり、教室の内装や設備におカネをかけられず、みすぼらしい教室に見えてしまったりする原因になりかねません。そうすると、なおさら生徒が集まりにくいという負の連鎖が生じます。ですから、生徒を集めるには、きちんと定期的に楽器を整備し、清潔感ある居心地のいい音楽教室を作れるだけの生徒数や月謝の確保が必要で、それを数値で把握しておくことはとても大切なことだと思います。

ここではピアノを例に、〝生活できる職業〟としての音楽教室にするために設定すべき生徒数や月謝の目標について考えてみたいと思います。そして、この目標を達成するために必要な教室作りの戦略（＝作戦）については、第2巻で詳しく解説していきます。

教室の毎月の収入は、入会金や音大受験・コンクール前の生徒への追加レッスンなどでの積み増し分はあると思いますが、おおむね平均月謝と生徒数で決まります。ですから、この2つを目標値として、こんな感じで考えてみてはいかがでしょうか。

①【最初の目標】
生徒数30人、平均月謝8000円の教室

②【次の目標】
生徒数50人、平均月謝1万2000円の教室

（ともにレッスン1人1時間／月4回換算）

もちろん、子ども専門の教室であればグループ・レッスンにして人数を増やす代わりに月謝を下げるとか、大人からは高めの料金を取るなど、さまざまなパターンがありますし、これ以上の人数、月謝を取ることも可能だと思います。また専業主婦で無理する必要のない方は、必ずしもこれにあてはまらないかもしれません。そのあたりはご自分の教室の実情に合わせて設定し直していただければと思います。いずれにせよ、音大を卒業した後、長く教室を運営していこうとするのであれば、このような数値的な目標設定を行ってその目標を達成しないと、ビジネスとして成り立ちにくいのが現実です。具体的にみていきましょう。

「①最初の目標」ですが、これで8000円×30人＝24万円（1か月）。一般の企業に勤務する大学出たての社会人1か月分のお給料と同じくらいです。でも、優秀な先生が多いピティナ会員の先生でも約2割しかこの生徒数を確保できていません（P.34グラフ参照）。ですから、この水準は結構高いハードルかもしれません。この本からヒントをつかんでいただいて、ぜひこの水準をクリアしていただければと思います。

この目標がクリアできれば、「②次の目標」はマンパワー的に1人で教える限界の目安です。それが1レッスン1時間として1日生徒10人、週5日で50人教えることではないかと思います。もちろん、週休を1日にして60人教える、休みなく働けば70人は受け持てる、という考え方もありますし、働く時間を1日12時間に増やせば1日に12人の生徒をみられるという考えもあるでしょう。しかし、教室を長続きさせるためには、息長く続けられる、継続可能な目標設定が必要です。1日生徒10人、週5日は、企業勤務に換算すると、週休2日、毎日2時間の残業に相当(注1)します。

加えて企業では、だいたい50人を超えると部下をきめ細かくみることが困難になるとされています(注2)。ですから先生による個人差はあると思いますが、50人を超えてくると、生徒一人ひとりの把握が十分できなくなる、他のことに目が行き届かなくなる、休憩時間がなくなる、などさまざまな問題が生じる可能性が出てきます。

実際、今回取材でうかがった先生たちのお話では、現在都内の3教室で約450人の生徒が通う〈小林音楽教室／新宿区ほか〉の小林洋子先生は、過去に1人で86人の生徒を教えていたことがあるそうですが、休日なく教え続け、しかも食事の時間もほとんどとれない、という状況になり、その時が教室を運営するのが一番つらかったそうです。また、前出の福山奈々先生も70人教えていたご経験があり、その際は自分の指導に納得いかず、生徒を減らすことを考えたそうです。

このような先生方の実際のご経験からも、個人差はあるものの、1日10人、週5日が1人で稼働できる一応の目安と考えられます。

さて、このように1人で教える生徒数には限りがありますから、月謝をどう引き上げられるかは大きな勝負所です。

教え方や教室の見せ方の工夫によって、常に月謝を上げる努力を行いましょう。最初の目標の平均月謝8000円は、ピティナ会員へのアンケートによるレッスン料（最低価格）の最多価格帯が6000円台だそうですので、これに少し上乗せしましたが、このハードルは案外高めかもしれません。

「②次の目標」ですが、大手英会話教室の8人くらいのグループレッスン料金レベル（1レッスン3000円×4回／月）で設定しました。英会話のマンツーマンレッスンは遥かに高い金額です。また音楽教室の先生によっては1万5000円、2万円と設定できている先生も多くいるようですので、できるだけ高いレベルを目指し、しっかり月謝が取れている先生に近づけるといいですね。

「②次の目標」がクリアできた暁には月収60万円。年収にすると720万円です。企業勤務でこれだけの収入を得るのは普通40歳を超え、しかも高い肩書きが必要ですから、若くしてこのレベルに達する可能性がある音楽教室経営は、やはりやりがいがあり、経済的にも有望な職種ですね。これなら、リフォームも防音も、自由自在です！

ぜひ地域の評判を勝ち取って人気の教室となり、多くの生徒を集めましょう。そして、音楽教室の先生を職業として選択してよかった！　と心から喜んでいただきたいと思います。そのために必要な作戦は、第2巻で詳しくお話ししますね。

ブレイクスルーポイントを突破するには

競争の世界とは厳しいもので、生徒が集まらない教室ほど月謝は上げにくく、生徒が集まる教室ほど月謝は高く設定できます。

これはみなさんが飲食店に行く場合だって同じですよね。人気で予約の取りにくいイタリアン・レストランだったら多少値段が高くても行きますが、まずいと安くても行きたがらないものです。ですから、人気の教室になることはとても大切ですし、そのための努力を惜しんではいけません。

ビジネスの世界ではよく「ブレイクスルーポイント」という言葉が使われます。成果と努力量とは比例関係にないことを表す言葉です。一般にはP.132の上図のように、努力すれば努力した分だけ成果があがると考えがちですが、そうではないのです。

イタリアンの話をしましたので、みなさんご存知の「サイゼリア」で考えてみましょう。チェーン展開を開始したのは1973年だそうです。50店になるまでは約20年かかり、1992年でした。しかし、倍の100店にはわずか2年後の1994年になっています。20年かかったことをわずか10分の1の2年で成し遂げています。それから7年後の2001年には500店、今では1000店を超えているのです。後から振り返ってみると、創業から20年間が雌伏の時で、50店に達したときがブレイクスルーポイントだったことがわかります。メニュー構成、値段、立地、宣伝方法など、試行錯誤を繰り返す中で、何かをきっかけに突然ブレイクスルーポイントは訪れます。

ブレイクスルーポイントを突き抜けるまでの期間や成果は、人によってまちまちですが、音楽教室の場合、いろいろな先生のお話を聞くと、生徒数10人くらいがブレイクスルーポイントとなる場合が多そうです。10人近くまでは行くものの、そこから先は生徒が新規で入ったり辞めたり。一進一退でなかなか生徒が増えずに悩む先生が多いようです。そこから比較的早く突き抜けられる人とそうでない人がいますが、その違いの原因は大きく3つに分かれます。

①努力・工夫の絶対量が足りない
②努力・工夫の方向が間違っている
③顧客が感じている価値に気付いていない

〈一般的なイメージ〉

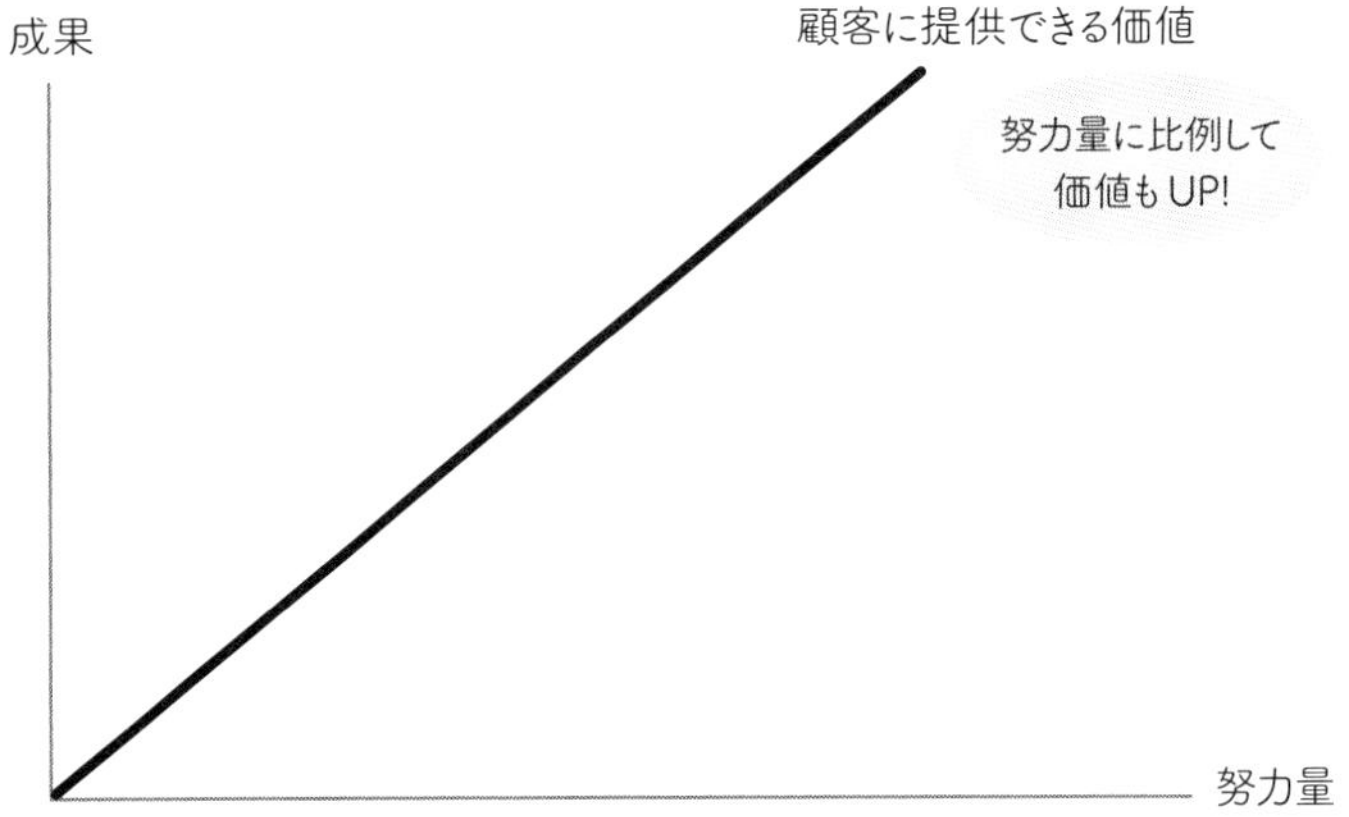

〈現実の姿〉

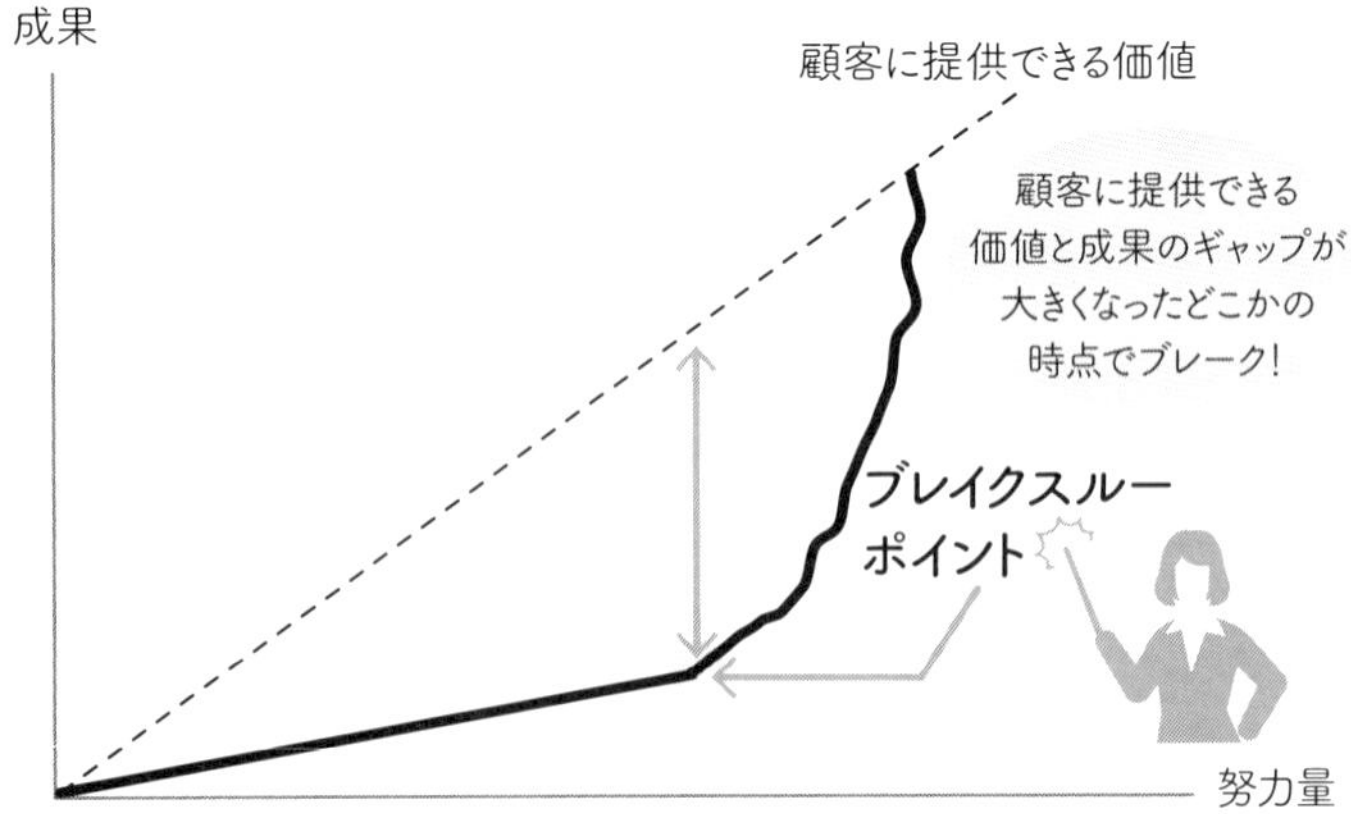

①ではブレイクスルーポイントを突破できないのは明らかですが、努力の絶対量は足りていても、工夫の絶対量に問題がある場合がよくあります。

親戚含め、思いつく限りの人への紹介依頼や自治体などへの自分の売り込み、チラシの配布やSNSなどの宣伝の工夫、発表会開催、発表会での自身の演奏披露、習っている生徒への音楽の楽しさの伝え方、保護者を自分の味方に付ける工夫、教える際の自分の表情・言動……前出コラムの樹原先生のアドバイスを含め、考えうるすべてを取り出してチェックし、改善に努めることが大切です。

②はいわゆる無駄な努力をしている場合です。代表的なのは、教え方を学ぶべきなのに自分の演奏技術磨きにばかり力を注いでいるようなケースです。小さな生徒が多く、幼児教育を学ぶべきなのに、大学時代の中学や高校の先生になるための教育論を一所懸命勉強するとか、逆に大人の生徒が多いのに子どもの教え方を学ぶとか。学ぶべきことと学んでいることに齟齬《そご》がないか、ぜひ点検してみてください。

③はいろいろな生徒がいるのに、生徒に合わせたレッスンができていないケースです。演奏がうまくなれなくても、音楽は好きだし発表会にも出たいという生徒もいれば、弾きたいのはクラシックではなくポップスという生徒もいます。そのような生徒に上達のための厳しい指導をしたり、クラシックを強要したりすれば、習うことそのものが嫌になって

しまいます。生徒を楽しませることができているか、上達するのに自分がした苦労を生徒に押し付けていないか、大学時代の師弟関係を生徒に求めていないか……しっかり自分を鏡に映し出してみる必要があります。

原因はひとつだけとは限りません。①と②、②と③など複数にまたがり、しかもそれぞれに複数の原因がある場合もあります。一つひとつしっかり点検し、早くブレイクスルーポイントを抜け出してくださいね。

（注1）労働基準法では1日の労働時間は原則8時間、1週間の労働時間は原則40時間と定められ、それを超える場合は残業代を支給しなくてはならないことになっています。

（注2）経営理論では「統制範囲適正化の原則（スパンオブコントロール）」といいます。

むすびに——今できること、ホントにできていますか？

第3章のコラムでご紹介した樹原先生と対談させていただいた際の、「外側から考えすぎない」というアドバイスのお話をうかがっているとき、私にはある別の人の顔が思い浮かんでいました。

作曲家の八木澤教司《さとし》さん。樹原先生と同じく武蔵野音楽大学ご卒業で、震災復興支援のシンボルとして大きな話題となった合唱曲「あすという日が」や数多くの吹奏楽作品を手掛けている人気作曲家です。樹原先生と八木澤さんは活動分野が全く異なるので面識はないようですが、おふたりのお話には、多くの共通点がありました。以前うかがった八木澤さんの経験談をご紹介しますと……。

- 自分の成功要因の中で、作曲家としての才能は5割。大学院卒業後、地元のカルチャーセンターで講師の仕事をかって出て、3年続けた。これでお客さまがどういう話に興味を持ってくださるのかというコツが掴めた。これは今でも、吹奏楽などの指導をするうえで非常に役に立っている。
- 作曲だけで生きていける人は少ない。コンクールで1位を取っても音楽と関係のないアルバイトをして暮らしている人もいることを知り、考え方を改めた。

- 会ってお世話になった人には遅くても3日以内にはメールか手紙を送ってお礼の言葉を伝えている。
- 名刺には写真を入れ、名刺交換の際は相手の印象に残るように、必ず会話をするよう心掛けている。ただ名刺交換しただけでは先方に覚えてもらえない。
- 仲間や人との出会いを大切にしてきた。そうしないとチャンスをチャンスと気付かないことがある。また、チャンスが来た時に準備ができていなければ、チャンスを取り逃がしてしまう。

八木澤教司さん（左）と著者

冒頭の講座を売り込みに行ったお話は、まさに樹原先生のアドバイスにあった自治体などへの売り込みの話そのものですし、作曲だけで食べていくのが難しいのは、「生徒はピアノが弾けるだけの先生に習いたいなんて思わない。ピアノが弾けるどんな先生か、に関心がある」とも話されていた樹原先生のお言葉に通じるものを感じます。それ以外の3つは、当時八木澤さんがご自身の頭で考えて、「今できること」として行動に移した取り組みです。そして、第3章の「音楽教室の先生が陥りやすい罠③」（P.68）の「ある方」とは、じつは八木澤さんのことです。

このようにみていくと、厳しい道を乗り越え、成功する人には多くの共通する考え方や取り組みがあることがおわかりいただけるのではないでしょうか。

樹原先生は、音大時代にひとりで過ごすことが多かったそうですが、卒業し、ピアノの先生として発表会を行うときは、音大時代のピアノ以外の楽器の仲間を呼んで一緒に演奏し、生徒たちにいろいろな音楽があることを体験的に教えたそうです。音大時代と異なり、音楽を介することで、多くの人と関わりを持つようになりました。

ピアノはある意味自己完結型の楽器のため、あまり周りと関わらずに学生時代を過ごす人が多いようですが、世の中に出るとそうはいきません。特に音楽教室は世間に門戸を開くわけですから、自分にできないことができる人とは積極的に関わる必要がありそうです。

今できること、ホントにできていますか？　樹原先生や八木澤さんを参考にすると、まだまだいろいろやれることが思いつくのではないでしょうか。ぜひそれらにチャレンジしてみてください。

さて、第1巻では音楽教室経営にあたって押さえておくべき基本的なポイントを中心にお話ししました。

第2巻では、2つのキーワード――「イノベーション」と「マーケティング」――をもとに、より実践的な音楽教室の〝経営〟についてお話を進めていきたいと思います。ぜひ、最後までお付き合いいただければと思います。

著者プロフィール

大内孝夫（おおうち たかお）

1960年生まれ。慶應義塾大学経済学部卒業後、富士銀行（現・みずほ銀行）入行。証券部次長、仙台営業部副部長、いわき支店長などを歴任。2013年より武蔵野音楽大学就職課にてキャリア指導を担当。会計学／キャリアデザイン講師を兼務。日本証券アナリスト協会検定会員。宅建士（資格取得）。著作に『「音大卒＝武器」にした元メガバンク支店長が贈る！ 大学就職課発!! 目からウロコの就活術』（音楽之友社刊）のほか、『「音大卒」は武器になる』『「音大卒」の戦い方』（ともにヤマハミュージックメディア刊）、『金融証券用語辞典』（銀行研修社、共同執筆人）、『３日でわかる〈銀行〉業界』（日経HR、執筆協力）など。現在、音楽之友社HPにて「目からウロコの就活・キャリアQ＆A」および日経HR社「キャリアと就活　日経HR Labo」にてWEB連載執筆中。ピティナはじめ高校、大学などでの講演実績多数。

「音《おん》楽《がく》教《きょう》室《しつ》の経《けい》営《えい》」塾《じゅく》 ① 【導入編《どうにゅうへん》】

～教《おし》えるのは、誰《だれ》のために？

2017 年 5 月 10 日　第 1 刷発行

著　者　大内孝夫《おおうちたかお》

発行者　堀内久美雄
発行所　株式会社音楽之友社
〒 162-8716　東京都新宿区神楽坂 6-30
電話 03-3235-2111㈹
振替 00170-4-196250
http://www.ongakunotomo.co.jp/

デザイン・DTP　朝日メディアインターナショナル株式会社
イラスト　須藤裕子
印　刷　藤原印刷株式会社
製　本　株式会社ブロケード

ISBN978-4-276-21230-5 C1073